복음을 사랑하는 사람들의 남북통일 준비서

조세핀 이야기

글, 그림 이 레

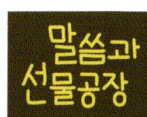
말씀과 선물공장

추천의 글

그림책은 우선 부담없이 대할 수 있어서 좋다. 요즘을 읽는 시대가 아니라 보는 시대라고 하는데 그림책은 보는 것과 읽는 것, 둘을 모두 갖추고 있어서 더욱 좋다. '조세핀 이야기'는 그림책의 이런 강점들을 잘 활용하고 있다. '복음을 사랑하는 사람들의 남북통일 준비서'라는 무거운 부제목을 가졌음에도 일단 책을 열게 해준다. '조세핀과 통일이 무슨 관계가 있지?' 하면서 말이다.

분단에 대해 생각할 때, 우리는, 북녘이 독재와 특정 인물들에 대한 지나친 신격화로 가득 차 있는 것을 먼저 떠올린다. 또 그것이 전부인 것으로 여기기 쉽다. 그런데 '조세핀 이야기'에서는 그런 북녘을 '얼음 땅'이라고 하고, 이어서 남녘을 '진흙 땅'이라고 부르고 있다. 남과 북이 대등한 잘못을 범하고 있고, 그것을 해결해야 할 책임이 우리 그리스도인에게 있음을 깨우쳐 주고 있는 것이다. 고개를 끄떡이게 된다. 그리고 나도 모르게 머리를 숙이게 된다. 책을 다 읽고 "하나님, 조세핀과 함께 조세필, 조세발, 조세팔, 조세피, 조세순, 조세자, 조세충, 조세신, 조세실, 무엇보다도 조세북, 그리고 조세양들이 많아져서 얼음 땅과 진흙 땅 사이에 있는 가시덤불이 제거되고, 남녘과 북녘이 정결한 옥토가 되게 하옵소서!", 길게 기도하였다.

'조세빈 이야기'는 한반도 분단의 이유들을 성서에서 찾아서 예리하고 정확하게 제시해 준다. 그리고 성서적인 해결책을 알려 주고 있다. 한마디로 '장엄한 설교'라 말할 수 있다. 숙연한 마음으로 정독하게 된다. 요즘 남북 관계가 냉각 되고 통일선교 환경이 많이 악화 되었는데, 그렇기 때문에 이 책이 더 요긴하고 귀하게 쓰이기를 바라며 또 그렇게 될 것으로 믿는다.

유관지 목사. 기독교통일포럼 상임대표

이제 한국 교회를 넘어 대한민국의 최대 화두는 통일입니다. 유대 민족이 2천년 간의 기나긴 방랑 생활을 마치고 마침내 이루어 냈던 1948년 이스라엘 건국은 거대한 '민족 통일' 이었습니다. 짧은 시간도 아니고 2천년 간이나 민족 정체성을 잃지 않고 통일을 이루어 낼 수 있었던 것은 바로 하나님에 대한 그들의 신앙이 있었기 때문입니다. 이와 같이 대한민국의 한민족 통일 선봉에 교회가 있어야 하는 것은 당연한 일입니다. 이 일에 그림책 '조세핀 이야기'는 아주 적절하고 탁월한 기여가 아닐 수 없습니다. 저자는 20여 년 전 이스라엘에서도 그의 달란트인 미술을 통해서 큰 기여를 한 바가 있습니다. 그의 끊임없는 도전 정신과 소망 속에 낳은 '조세핀 이야기'는 통일 정신 고취에 크게 이바지할 것으로 확신합니다.

이강근 박사. 예루살렘유대학연구소장, 히브리대학교 정치학박사(Ph.D)

그림책 '조세핀 이야기'는 우리 민족과 열방을 향한 하나님의 회복 계획과 구원의 역사를 그림으로 재미있게 풀어 내어 초신자들은 물론 남녀노소 누구나 쉽게 접근할 수 있는 책이라고 생각합니다. '조세핀 이야기'는 단순한 그림책이 아닌 하나님의 구원에 대한 깊은 내용을 함축하고 있고 또한 우리 민족의 고통에 대한 신학적인 고찰이 담겨져 있습니다. 이 책을 보노라면 우리 민족이 왜 오늘과 같은 고통을 당해야 했고 또 우리가 어떤 마음과 자세를 가지고 하나님이 원하시는 통일을 준비해야 하는 지를 깨닫게 됩니다. 그리고 통일은 단지 우리 민족의 문제만이 아닌 열방의 회복을 위한 하나님의 원대한 뜻 안에 있다는 것을 보게 될 것입니다. 때문에 통일은 희망적이라고 확신합니다. 한 장 한 장의 그림에서 민족의 아픔과 눈물, 그리고 그 회복을 위한 하나님의 마음과 계획을 담으려는 저자의 기도와 몸부림이 느껴집니다. 또 그 안에는 하나님의 마음과 눈물이 담겨져 있고 또한 우리 민족을 향한 하나님의 회복의 계획과 희망들이 담겨져 있습니다. 이 한 권의 작은 그림책으로 인해 한국 교회 가운데 이 민족의 회복과 열방을 향한 하나님의 역사들이 더 힘차게 일어나기를 소망하며 이 책을 추천합니다.

마요한 목사. 새희망나루교회 목사, 북한기독교총연합회 회장

남북통일과 북한선교를 위한 하나님의 비전을 품고 기도하는 자리에서 동역자로 저자를 처음 만났습니다. 하나님께서 저자에게 주신 달란트인 '미술'이라는 도구로 이 민족을 향한 뜨거운 열정을 품고 애쓰는 모습에 감동 받았고, 그 노력에 대한 귀한 결실로 '조세핀 이야기'를 만날 수 있어 하나님께 영광을 돌립니다.

통일과 하나님 나라는 어떤 연관이 있을까요? 저자는 '조세핀'이라는 아이에게 말씀하시는 하나님의 마음으로, 창조로부터 시작하여 성경 전체를 아우르는 방대한 작업을 통해 우리에게 해답을 제시하고 있습니다. 무엇보다 우리 민족의 분단 역사를 성경적으로 잘 풀어냈다고 생각합니다. 남북의 분단 원인을 여러 가지로 생각해 볼 수 있지만 특별히 저자는 신사 참배로 대표되는 우상 숭배를 분단의 원인으로 생각하며, 그리스도인이 먼저 회개하고 복음으로 회복해야 함을 강조하고 있습니다. 그리고 복음으로 회복되고 치유 받아 새롭게 하나 될 한반도, 통일 한국의 소망을 잘 표현하고 있습니다. 통일선교 사역자로서 자녀들과 함께 성경적 통일을 나눌 수 있는 책을 기다렸는데, '조세핀 이야기'는 분단과 통일이라는 다소 무거운 주제를 예쁜 그림과 함께 나누고 있어, 아이들에게도 유익한 통일 참고서가 될 것입니다. 앞으로 통일 세대로 살아갈 우리 부모님들과 어린이들에게 특별히 일독을 권합니다.

구윤회 목사. 새희망나루교회 목사, 북한사역목회자협의회 사무총장

차 례

추천의 글

1. 꿈꾸는 자가 있었으니.....7

2. 태초에 하나님께서.....43

3. 한반도라 부르는 이 땅은.....97

4. 복음은 사상과 씨우지 않는다.....145

5. 하나, 둘, 셋.....183

6. 그리고 넷, 다섯.....219

7. 조세핀과 친구들.....249

마치며

부록 1

부록2

1. 꿈꾸는 자가 있었으니

꿈꾸는 자가 있었으니

이름은 조세핀.

'**조**국과 **세**상을 위해서 **핀** 꿈'이라고나 할까?

조세핀의 꿈은 하나님이 주겠다고 언약하신,
이 세상에서 가장 좋은 씨앗을 받아
온 땅 끝까지 뿌리고 심는 것!

그래서 씨앗 밭을 그 날을 기다리며
날마다 날마다 밭을 갈고
씨 뿌리는 연습을 했습니다.

온갖 종자를 다 구해
이렇게도 심어 보고 저렇게도 심어 보며
조세핀은 늘 공부하고 연구했죠.

봄이 오고

여름이 가고

가을이 오고

겨울이 지나 또 봄이 오고...

조세핀은 하나님의 약속의 날을 기다리고 또 기다렸습니다.
그리고 꿈 꾸고, 또 꿈 꾸었습니다...

"조세핀, 조세핀!"

꿈꾸며 잠자고 있던 어느 날
조세핀의 귀에 누군가 부르는 소리가 들렸죠.

"일어나렴, 조세핀!"
조세핀은 깨어 일어났습니다.
"조세핀, 여기 네가 그동안 기다려 왔던 씨앗이 있단다.
내가 네게 주겠다고 약속한, 이 세상에서 가장 좋은 그 씨앗…
자, 받아주련?"

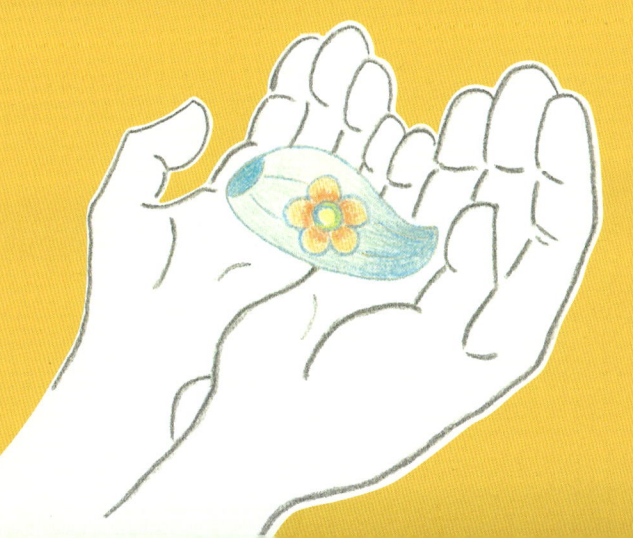

잠자는 조세핀에게
하나님이 찾아오셔서
언약의 씨앗을 건네주셨습니다.
조세핀은 깜짝 놀라 그 씨앗을 받았고,

씨앗을 받은 조세핀은 꿈을 이룰 수 있게 되어서
정말 정말 기쁘고 진짜 진짜 좋았습니다.
그때 하나님이 말씀하셨어요.
"조세핀, 이제 이 씨앗을 내가 말하는 곳에서부터 심어 주련?"
조세핀은 그렇게 하겠다고 고개를 끄덕였죠.

"자, 그럼 이리로 날 따라오렴!"
조세핀은 얼른, 씨앗을 심으러 갈 준비를 하고

하나님이 이끄시는 곳으로 즐겁게 따라갔습니다.

얼마를 가다 조세핀을 이끄시던 하나님의 손길이
어느 곳에서 멈추었습니다.
멈춘 그곳에서 보이는 땅은 너무나 놀라웠죠.
아주 크고 뾰족한 가시덤불 너머로
꽁꽁 얼어 말라 갈라진 얼음 땅이 있었어요.
조세핀은 어리둥절했습니다.

그때 하나님이 말씀하셨습니다.
"자, 조세핀, 네가 서 있는 곳에서부터 이 씨앗을 심어 주련?
앞에 보이는 저 얼음 땅과…
네 뒤에 보이는 땅에 이 씨앗을 심기 시작하렴.
그리고 저 가시덤불을 깨끗이 치워 이 땅이 하나가 되게 해주렴."

얼음 땅을 보고 깜작 놀란 조세핀은
뒤돌아보고 더욱 더 놀랐습니다.
그 땅은 진흙 땅이었고 거기에는 각종 오물이 쌓여 있었죠.
그리고 어느새 조세핀의 손과 발에도 더러운 흙이 묻어 있었어요.

조세핀은 손과 발에 묻은 진흙을 바라보며,
또 가시덤불 너머 얼음 땅을 바라보며 어쩔 줄을 몰랐습니다.
그곳은 조세핀이 꿈꾸며 생각하던 아름다운 밭이 아니었죠.
조세핀은 한 번도 얼음 땅과 진흙 땅을 꿈꾸어 본 적이 없었고,
그래서 그런 땅에 씨앗을 심는 공부도 연습도 해 본 적이 없었던 거예요.

'...난 할 줄 모르는데...
한 번도 이런 땅엔 씨를 심어 본 적이 없는데...어떻게 하지...'

조세핀은 아무 말도 못하고
가만히 서 있었습니다.
오랫동안 꿈꾸며 기다려 온
그 꿈을 이룰 수 없을 것
같았죠.
하나님께 가장 좋은 씨앗을
받으면, 온 세상에 그 씨앗을
심어 꽃을 피우고 열매를
맺어 하나님을 기쁘게
해드리겠다는 그 꿈 을
조세핀은 이룰 수 없을 것
같았습니다.
조세핀은 이런 땅에 씨앗을
심을 줄도 모르고, 그래서
심을 수도 없었기 때문이죠.

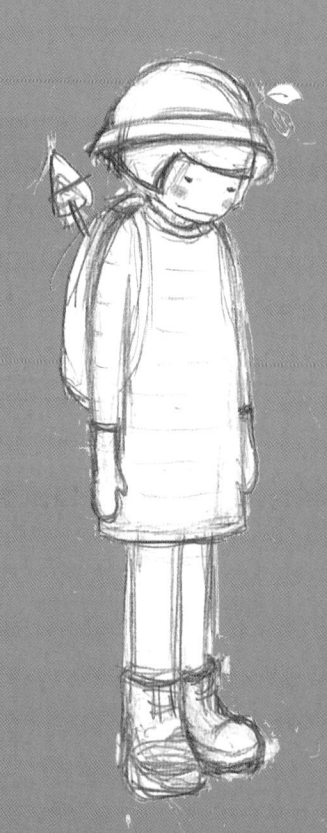

조세핀의 눈에서
눈물이 나기 시작
했습니다.
꿈을 이룰 수 없다는
것과 하나님을
기쁘게 해드릴 수
없다는 것이 너무
슬펐습니다.
너무너무 슬퍼서
울 수밖에
없었습니다...

"조세핀, 울지 마, 조세핀…"
하나님의 목소리가 들려왔습니다.
"조세핀, 네가 정말 나를 사랑한다면
이 땅을 기경하고 꼭 이 씨앗들을 뿌려 주렴.
네가 나를 사랑한다면
내가 네게 모든 것을 가르쳐
보여 줄 거란다.
조세핀, 나를 사랑하니?"

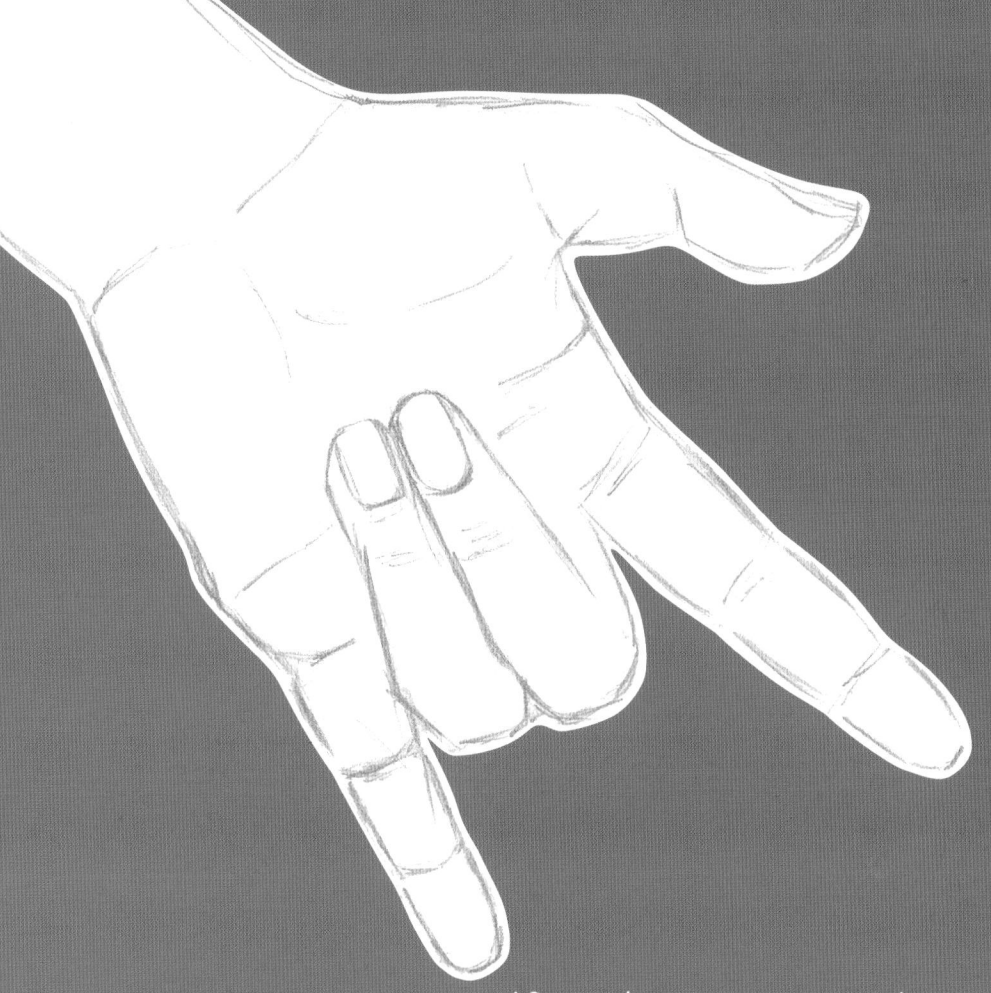

조세핀은 하나님을 사랑했어요. 그래서 사랑한다고 대답하고 싶었죠.
하지만 눈물 때문에 목이 아파서 대답을 할 수 없었습니다.
그래서 고개를 끄덕였어요.
하나님은 조세핀의 대답에 활짝 웃으며 손을 내밀어 주셨죠.
"자, 조세핀, 나와 함께 가자."
조세핀은 하나님의 손을 잡고 씩씩하게 걸어갔습니다.

2. 태초에 하나님께서

"조세핀,
태초에 내가 천지의 모든 것을 창조하고
여섯째 날에 나의 형상대로 남자와 여자를 만들어
그들을 땅의 청지기로 불러서,
'생육하고 번성하여 땅에 충만하고 땅을 정복하라' 이르며
그들에게 복을 주었지.
나는 엿새 동안 만물을 만드는 일을 다 마치고

일곱째 날에 안식하며
그 날을 복되게 하고 거룩하게 했단다.
그 날은 내가 만든 사람이
내 안에서 마음껏 누리고 즐기며 편히 쉴 뿐 아니라
내가 한 말을 지키고 그 말에 따라 나를 섬기며 살도록
사람에게 복을 주었지.
그것이 바로 예배이며 예배는 진정한 안식이란다.

나는 동방에 에덴 동산을 만들고 남자와 여자를 거기에 두었지.
남자의 이름은 아담이었고 여자는 그의 아내였단다.
두 사람은 벌거벗었지만 부끄럽지 않았어.
그 동산에는 각종 나무가 있었고, 동산의 가운데에는 생명 나무와
선악을 알리는 나무도 있었지.
나는, 그곳의 모든 열매는 다 먹을 수 있지만
선악을 알게 하는 나무의 열매는 먹지 말라고
남자와 여자에게 말했단다.
그것을 먹는 날에는 반드시 죽는다고 하면서 말이야.

하지만 뱀에게 꼬임을 당한 여자와 남자는 그만 선악과를 따먹고 말았지.
이에 그들의 눈이 밝아져서 자기들이 벌거벗은 줄을 알고는
무화과 잎을 엮어 치마를 만들어 입었어.
결국 여자와 남자는 나의 명령을 어겼고 그렇게 죄는 시작되었지...

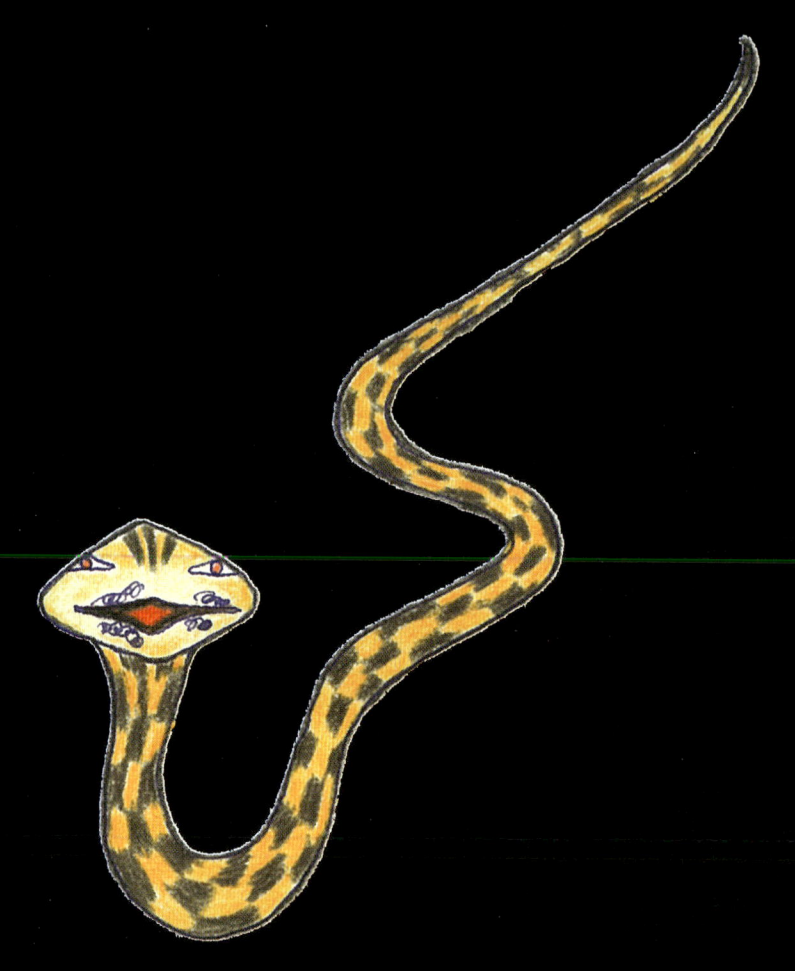

나는, 사람을 거짓으로 꼬인 뱀에게는
살아 있는 동안 배로 다니며 흙을 먹는 벌을 내렸고,

여자에게는 수고하고 자식을 낳는 임신의 고통을 크게 더했으며,
남자에게는 남자가 평생 수고를 하고 땀을 흘려야만
땅의 소산을 먹을 수 있게 만들었지.

...그리고 아담은 자기 아내의 이름을 하와라 지었어...
이는 그 아내가 모든 산 자의 어머니가 되었기 때문이지...

나는 아담과 하와가 입고 있던 무화과나무 잎 치마 대신
그들에게 가죽 옷을 지어 입히고
그 두 명을 에덴 동산에서 쫓아내었단다.
왜냐하면...

사람이 죄를 가진 상태에서 생명 나무 열매를 먹은 후 영원히 살고
죽지 않는 것은 나의 뜻이 아니기 때문이지.

그 후, 에덴 동산에서 쫓겨난 아담과 하와는
가인과 아벨을 낳았지.
세월이 지난 후 가인과 아벨은 나에게 제물을 바쳤는데,
내가 아벨의 제물은 받았지만 가인의 제물을 받지 않자...

가인은 질투심으로 아벨을 죽였단다.
그리고 나를 떠나 에덴 동쪽, 놋 땅에 거주했지.

이런 일이 있은 뒤,
아담은 아내와 동침하여 자기의 형상과 같은 아들을 낳았고,
그 아들에게 '아벨 대신 다른 씨를 주셨다'라는 뜻으로
'셋'이라는 이름을 지어 주었단다.

그리고 셋을 통해 나의 아들들이 대를 이어 태어났지. 그런데 사람이 땅 위에 번성하기 시작하면서 세상에는 부패하고 포악한 사람의 죄악이 가득하게 되었어. 그 모습을 보며 나는 내가 땅 위에 사람을 지은 것을 한탄하고 근심했지.

그래서 홍수를 땅에 일으켜, 사람뿐만 아니라 생명이 있는 모든 육체를 천하에서 다 죽이고 멸하기로 결심했지. 하지만 나에게 은혜를 입은 자, 셋의 후손 노아를 불러 방주를 만들게 하고 노아와 노아의 가족들, 그리고 땅의 모든 생물 암수 몇 쌍씩을 방주로 이끌어 들여 생명을 보존하게 하였단다.

그리고 큰 홍수를 내어 사람을 포함한 땅의 모든 생명을 다 쓸어버렸지. 그 후 노아와 그 방주에 남아 있는 자들과 생명들만 살아남게 되었단다.

홍수가 그친 후 물이 빠지고 노아와 그 가족들과 방주 안에 있던 모든 동물들이 방주 밖으로 나왔지.

방주에서 나온 노아가 나에게 번제를 지낼 때, 다시는 사람 때문에 땅을 저주하거나 모든 생물을 다 멸하는 일은 하지 않겠다고 나는 다짐했단다.

그래서 나는 노아와 그 아들들과 그들의
뒤를 이을 자손과 방주에서 나온 모든
생명에게 이런 언약을 했지.
다시는 물이 모든 육체를 멸하는 홍수가
되지 않을 것이라고…
그리고 언약의 증거로 구름 사이에
무지개를 두었단다.

이 후, 노아의 세 아들, 셈, 함, 야벳을 통해 많은 사람들이 태어났고
온 땅에 퍼지기 시작했지.

하지만 그들은 동방으로 옮겨가다 한 평지를 발견하고 그곳에서 성읍과 탑을 건설했어. 그러면서 이렇게 말했지.
'그 탑 꼭대기를 하늘에 닿게 하여 우리의 이름을 널리 알리고 온 지면으로 흩어짐을 면하자'라고...
그리고는 탑을 높이 높이 쌓았어...
그래서 나는 그들의 언어를
혼잡하게 만들어
서로 알아듣지
못하게 하고

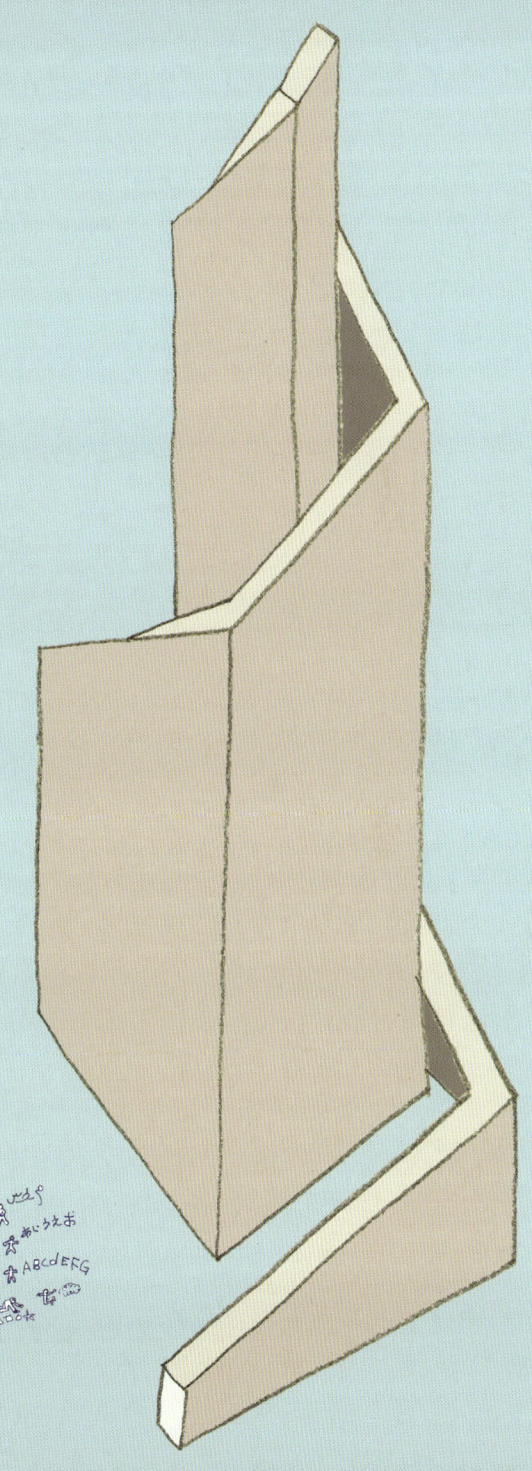

그들을 온 지면으로 흩었어.
...그리고 그 도시의 건설은 그쳤지...

내가 거기서 그들을 온 지면에 흩었단다...

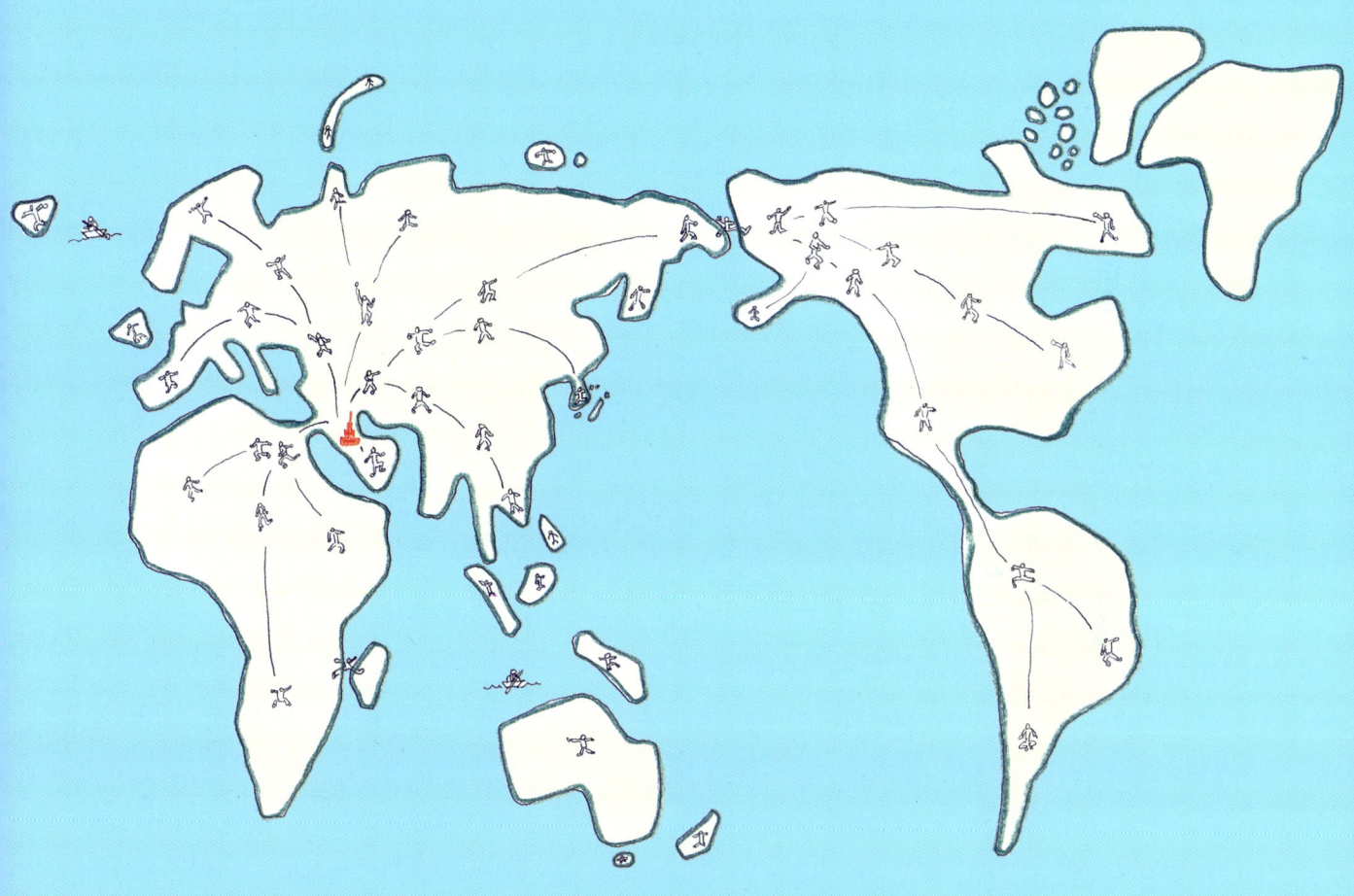

조세핀, 왜 내가 세상에 죄가 가득할 때에 모두 다 쓸어버리지 않고,
방주를 만들어 노아의 가족과 각종 동물들을 살려 주었을까?

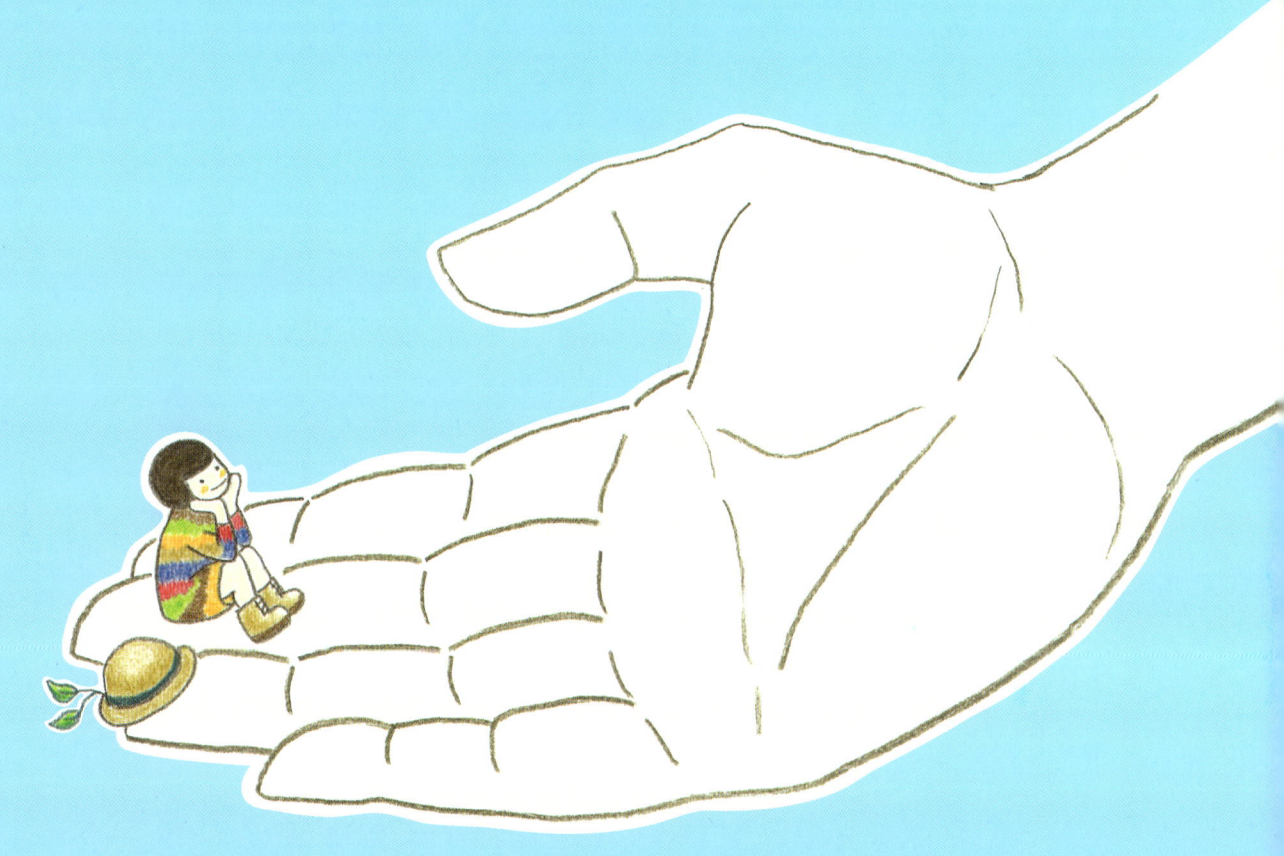

그리고 왜 그들에게
생육하고 번성하여 땅에 충만하라고 명했을까?

죄가 나와 함께할 수 있을까?

아니, 죄는 나와 함께할 수 없어.

나는 거룩한, 너희의 창조주 하나님이야.

나는 정의와 공의의 하나님이기 때문이지.

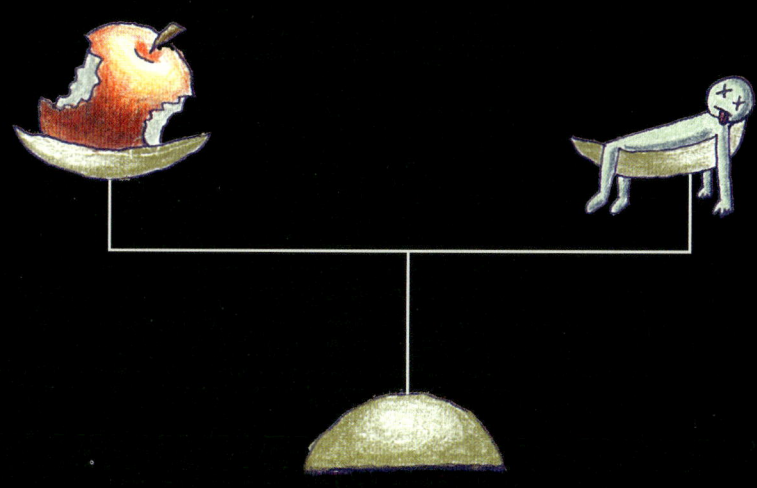

그리고 죄의 삯은 바로 사망이란다.

하지만 나는 또한 사랑의 하나님이지.

나는 사랑의 하나님이기 때문에
죄로 포악해진 세상을 멸하고자 홍수를 계획할 때에도
모든 생물을 다 죽이지 않았지.
그 중 노아를 택하여 홍수 가운데에 구원의 길을 열어 놓고
인간에게 새로운 기회를 주었던 거야.

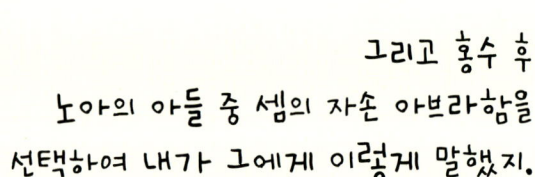

그리고 홍수 후
노아의 아들 중 셈의 자손 아브라함을
선택하여 내가 그에게 이렇게 말했지.

'...너는 너의 고향과 친척과 아버지의 집을 떠나
내가 네게 보여 줄 땅으로 가라

내가 너로 큰 민족을 이루고 네게 복을 주어 네 이름을 창대하게 하리니
너는 복이 될지라 너를 축복하는 자에게는 내가 복을 내리고
너를 저주하는 자에게는 내가 저주하리니
땅의 모든 족속이 너로 말미암아 복을 얻을 것이라…'
(창세기 12:1-3)

그 아브라함의 씨를 통해 나는 천하 만민을 구원할 계획을 세웠단다.

'또 네 씨로 말미암아 천하 만민이 복을 받으리니
이는 네가 나의 말을 준행하였음이니라 하셨다 하니라'
(창세기 22:18)

그 씨가 바로 나의 독생자, 예수 그리스도이지.

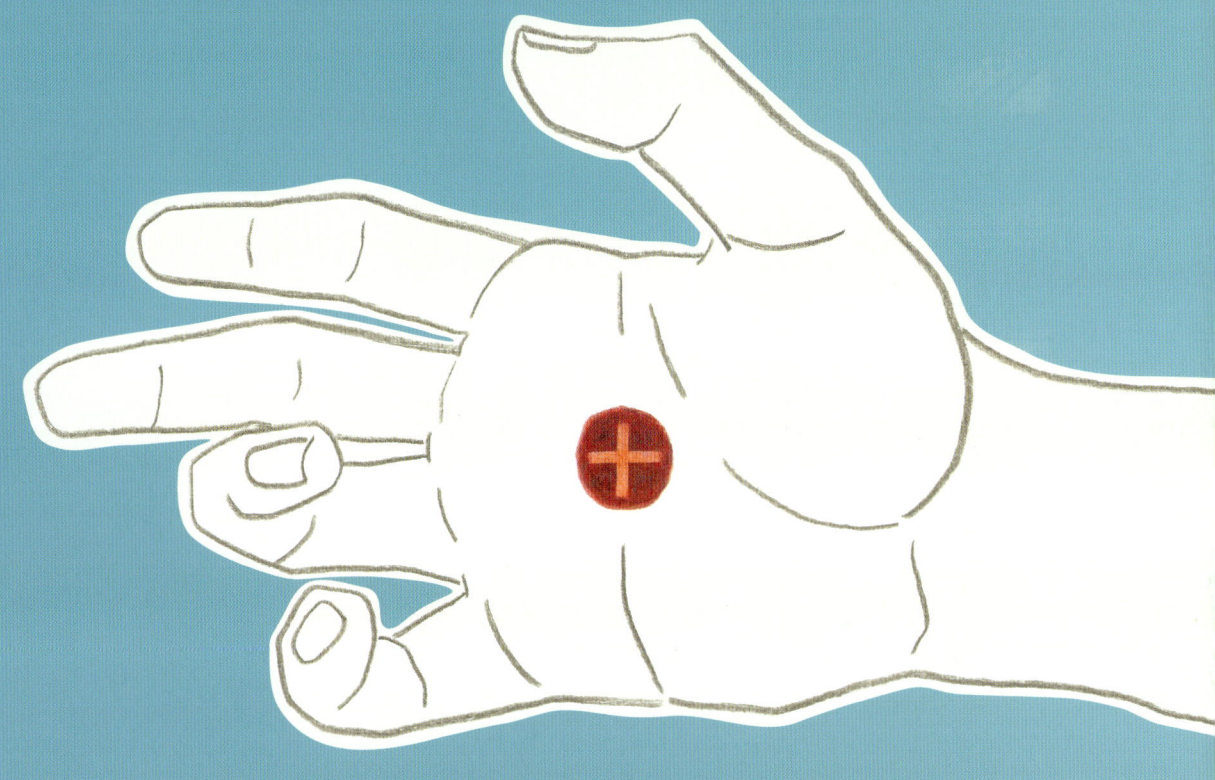

'이 약속들은 아브라함과 그 자손에게 말씀하신 것인데 여럿을 가리켜
그 자손들이라 하지 아니하시고 오직 한 사람을 가리켜 네 자손이라
하셨으니 곧 그리스도라' (갈라디아서 3:16)

그 예수 그리스도는 죄로 인해 죽을 수밖에 없는 사람을 대신하여 십자가에
못 박혀 죽고, 삼일만에 다시 살아나 천하 만민에게 구원의 문을 열어 놓았단다.

이것이 바로
자기 자신이 죄인임을 고백하며
예수 그리스도를 구세주로 믿는 자마다
멸망하지 않고 영원한 생명을 얻을 수 있는 구원의 복음이지.

'하나님이 세상을 이처럼 사랑하사 독생자를 주셨으니
이는 그를 믿는 자마다 멸망하지 않고
영생을 얻게 하려 하심이라' (요한복음 3:16)

그리고 나는 예수 그리스도를 통해
너희가 지켜야 할 나의 계명을 다시 알려 주었어.

'...첫째는 이것이니...주 곧 우리 하나님은 유일한 주시라
네 마음을 다하고 목숨을 다하고 뜻을 다하고 힘을 다하여
주 너의 하나님을 사랑하라 하신 것이요
둘째는 이것이니 네 이웃을 네 자신과 같이 사랑하라 하신 것이라
이보다 더 큰 계명이 없느니라' (마가복음 12: 29-31)

3. 한반도라 부르는 이 땅은

너희들이 한반도라 부르며 살고 있는 이 땅은, 내가 태곳적에 샘물이 흐르고 풍성한 열매가 열리는 아름다운 땅으로 만들었지. 홍수 이후 노아의 아들들로부터 사람들이 온 땅에 퍼지기 시작했고 너희 족속은 너희들의 언어를 가지고 이 땅에 정착하여 살며 하나의 민족과 나라가 되어 갔어.

하지만 너희들은 나를 점점 잊어 갔고,
오랜 세월이 흐르는 동안 이 땅을 누가 만들었는지,
참된 주인이 누구인지, 내가 누구인지,

또 너희들은 누구인지조차 알지 못하며 살아가게 되었지.

그리고는 나에게 예배해야 할 너희들이 나를 잊어 버린 채
내가 아닌 다른 것을 섬기며
다른 이웃나라를 섬기며 살아가고 있었단다.

하지만 나는 나의 자녀인 너희들을 사랑했기에

너희에게 구원의 복과 이생의 복을 충만히 내려 주고 싶었지.
그래서 나는, 너희가 나의 자녀로서의 참된 신분을 되찾고
내가 너희의 참된 주권자 창조주 하나님
아버지임을 깨달을 수 있도록 나의 복음을
너희에게 전달하기 시작했단다.

너희들은 점차 나에게 귀기울이기 시작했고
한 명 두 명 복음을 받아들이게 되었어.

그렇게 너희 중 순전한 자들이 복음을 통해
예수 그리스도를 구세주로 영접하고,
그들의 삶의 주권이, 이 땅의 주권이 나에게 있음을 깨달아 갔지.

그러나...

그러나 나를 대적하는 어둠의 세상 주관자들이
너희 이웃나라를 통해 인간의 욕심을 불러일으키고
너희의 나라와 땅을 빼앗았지.
그리고 그 이웃이 너희에게 군림하여 너희의 주권자인 양
행세하게 만들었어.

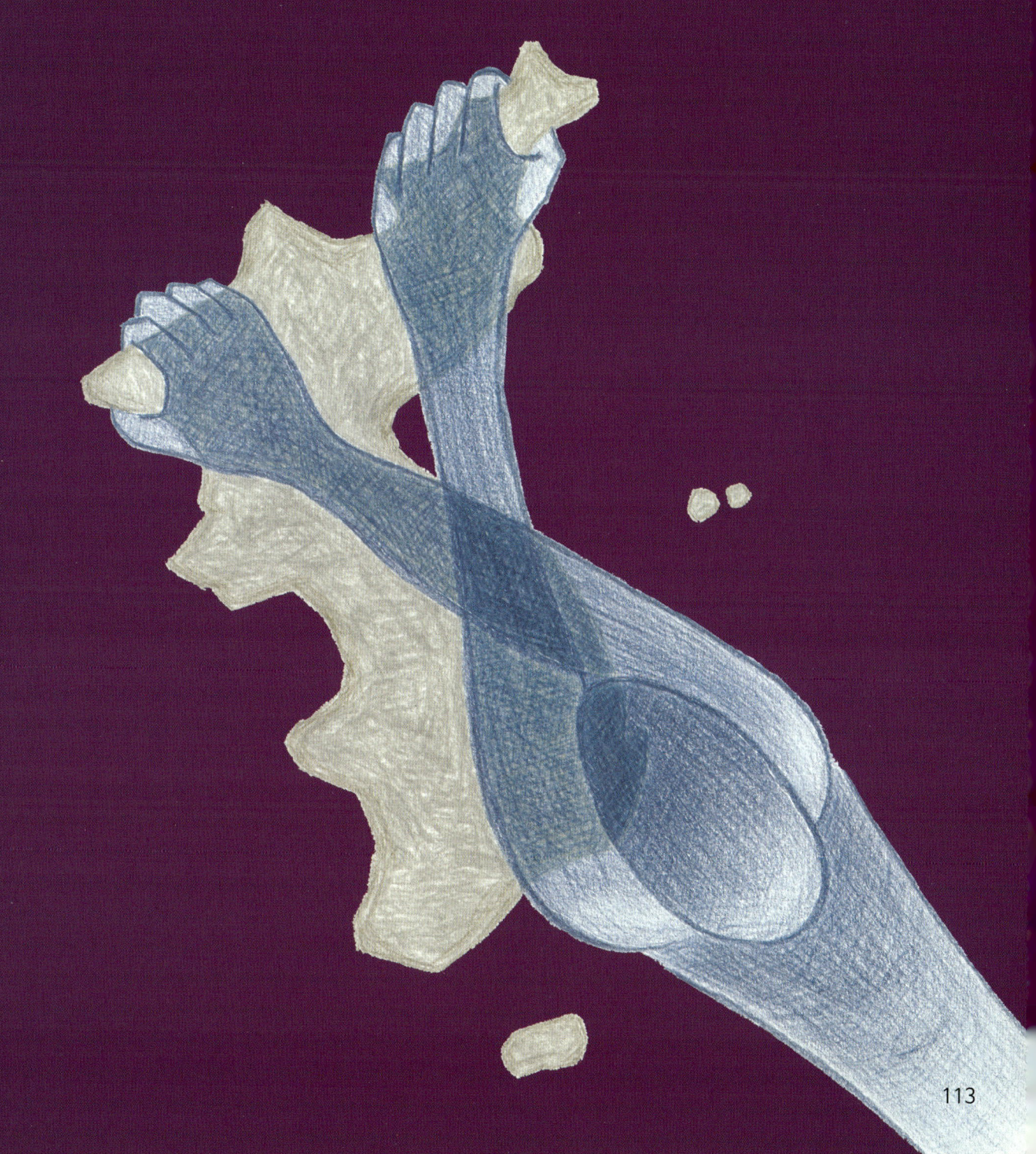

하지만 너희들 중에 나를 사랑하고 나라와 민족을 사랑하는
충성된 믿음의 용사들이 있었지.
그들은 교회를 짓고...

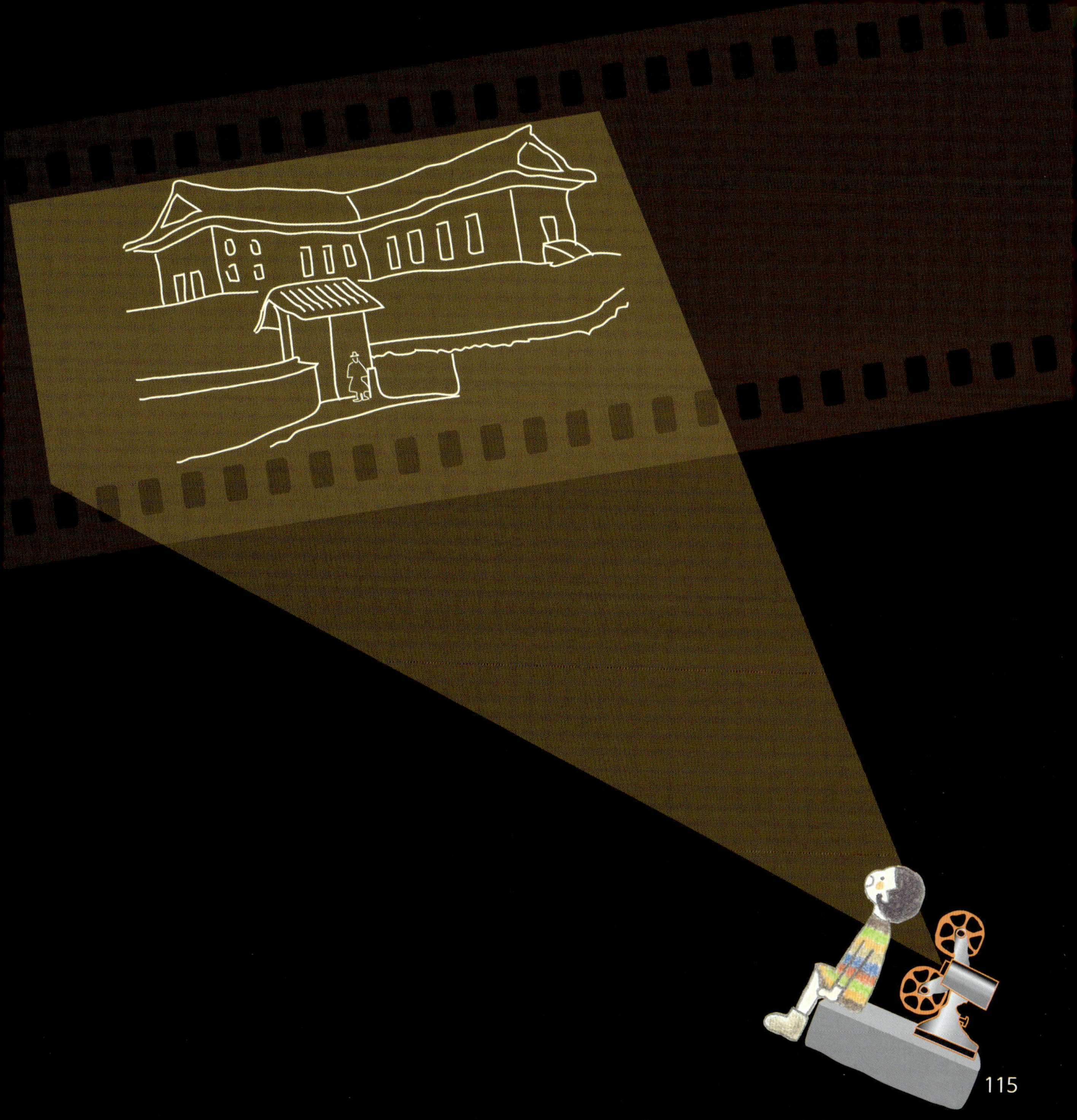

나라의 해방을 외치며 목숨걸고 독립운동을 했지.
그러나 악한 영들은 나의 믿음의 용사들이
나를 참 주인으로 섬기고
참 하나님으로 예배하는 것을,
그리고 이 나라와 민족의 참된 청지기로서의
신분을 되찾으려는 것을 절대 원치 않았단다.

그러면서 너희를 점령한 이웃나라의 태양신에게
경배하고 절하라고 너희에게 강요했지. 만일 그렇게 하지
않는다면 살려 두지 않겠다고 엄포를 놓으면서 말이야.

바로 그것이 신사 참배였단다.

이 땅에 살고 있던 많은 백성들이 무서움에 떨었어.
그리고 태양신에게 절하며 신사 참배를 시작했지.

나의 믿음의 자녀들도 깊은 고민에 빠지게 되었단다.
그들은 내가 꼭 지켜야 한다고 말해 준
가장 중요한 계명이 생각났기 때문이야.

'...네 마음을 다하며 목숨을 다하며 힘을 다하며 뜻을 다하여
주 너의 하나님을 사랑하고...'
(누가복음 10:27)

'너는 나 외에는 다른 신들을 네게 두지 말라
너를 위하여 새긴 우상을 만들지 말고
또 위로 하늘에 있는 것이나 아래로 땅에 있는 것이나
땅 아래 물 속에 있는 것의 어떤 형상도 만들지 말며
그것들에게 절하지 말며 그것들을 섬기지 말라
나 네 하나님 여호와는 질투하는 하나님인즉
나를 미워하는 자의 죄를 갚되
아버지로부터 아들에게로 삼사 대까지 이르게 하거니와
나를 사랑하고 내 계명을 지키는 자에게는
천 대까지 은혜를 베푸느니라'
(출애굽기 20:3-6)

나는 믿음의 자녀들이 어떠한 고난에도
나의 계명을 지키며 태양신 앞에 절하지 않기를 바랐지.

그럼에도 내가 사랑하는 많은 자녀들은 죽음과 고문을 두려워하며
악한 영의 궤계에 넘어가기 시작했어.

끝내 그들은
북쪽 땅에 있었던 나의 집, 한 교회에 모여
태양신에게 절하기로 결정을 내렸지.
'신사 참배는 하나님을 믿는 일에 위배되지 않는다'고
스스로를 속이면서 나에 대한 믿음을 저버리고 말았어.

내가 나의 믿음의 사람에게 일러 준
가장 크고 중요한 계명을 그만 어기고 만거야.

하지만 조세핀 혹시 너 그것을 기억하니?
내가 모세를 통해 너희에게 말했던 것을...

'...네가 하늘을 향하여 눈을 들어
해와 달과 별들, 하늘 위의 모든 천체 곧 너희의 하나님 여호와께서
천하 만민을 위하여 배정하신 것을 보고 미혹하여
그것에 경배하며 섬기지 말라'
(신명기 4: 19)

만일,
나의 백성이 나 아닌 다른 신을 섬긴다면 어떻게 된다고 말해 주었지?

'네가 만일 네 하나님 여호와를 잊어버리고
다른 신들을 따라 그들을 섬기며 그들에게 절하면
내가 너희에게 증거 하노니
너희가 반드시 멸망할 것이라
여호와께서 너희 앞에서 멸망시키신 민족들 같이
너희도 멸망하리니
이는 너희가 너희의 하나님
여호와의 소리를 청종하지 아니함이니라'
(신명기 8:19-20)

자, 그럼 나는 어떻게 해야 했을까?

내가 정말 사랑해서, 나의 독생자 예수 그리스도의 보혈로
너희를 구원하고 나의 자녀로 삼았지만
그런 너희들이 나의 집, 나의 교회에서
나의 계명을 어기고 태양신을 섬기고 말았다면,
나는 어떻게 해야 했을까?

내가 너희들을 멸하는 것은 당연한 일이 아니었을까?

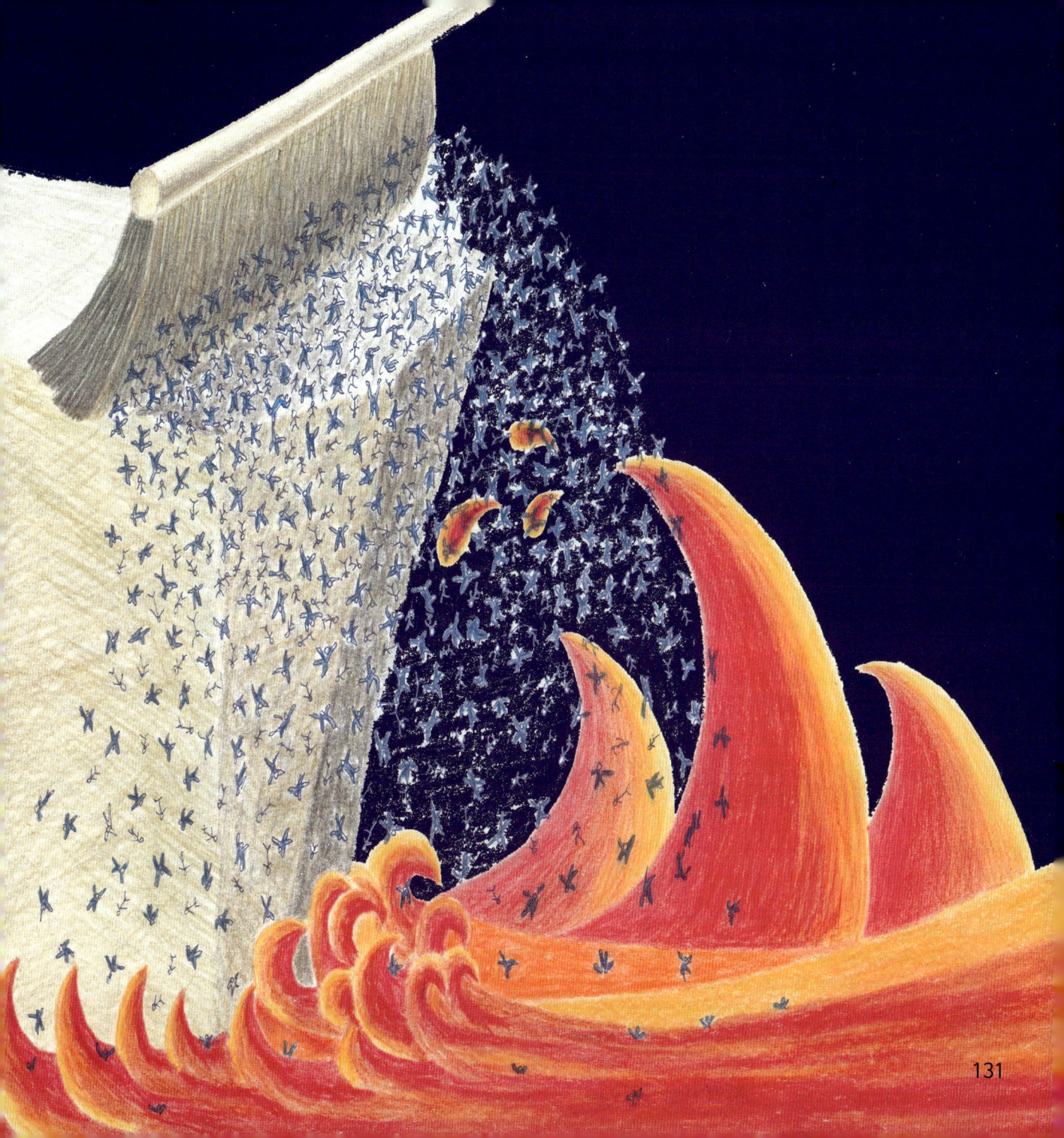

나는 이 땅을 다 멸할 수도 있었지만
그때 기억했단다.
모두가 태양신에 무릎 꿇었을 때
진실된 믿음의 용사들이
죽음의 두려움과 고통 앞에서
끝까지 나의 계명을 지키며
신사 참배를 하지 않고 나를 위해
목숨을 바쳤던 그 거룩한 순교를,
죽음의 위험에도
그 우상을 거부하고
모든 고난을 이겨 내며 살아남아
나의 교회를 위하여 다시 일어선
내 믿음의 용사들을...

'군대는 그의 편에 서서 성소 곧 견고한 곳을 더럽히며
매일 드리는 제사를 폐하며 멸망하게 하는 가증한 것을 세울 것이며
그가 또 언약을 배반하고 악행하는 자를 속임수로 타락시킬 것이나
오직 자기의 하나님을 아는 백성은 강하여 용맹을 떨치리라'
(다니엘 11:31-32)

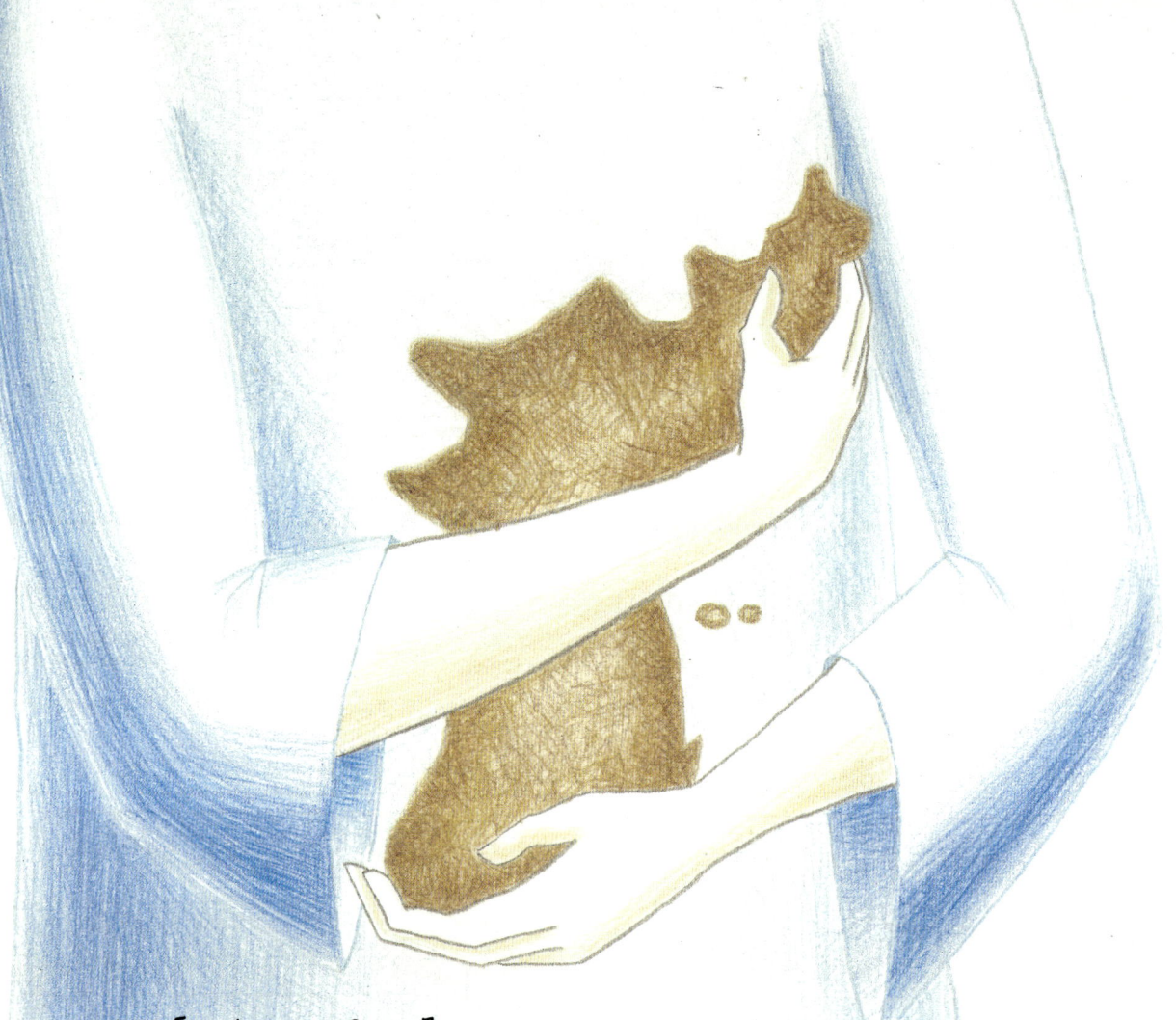

나는 그들의 순교와 믿음 때문에
너희들을 멸하지 않고 너희에게 회개와 회복의 기회를 주기로 결심했지.
솔로몬이 우상을 섬겨 내가 진노했지만 그 이스라엘을 내가 사랑하기에
다시 회복시킬 한 지파를 남겨 놓은 것처럼.

'오직 내가 이 나라를 다 빼앗지 아니하고
내 종 다윗과 내가 택한 예루살렘을 위하여
한 지파를 네 아들에게 주리라 하셨더라.'
(열왕기상 11:13)

그 충성된 용사들은
거룩한 씨로 이 땅의
그루터기가 되었단다.

'그 중의 십분의 일이
아직 남아 있을지라도
이것도 황폐하게 될 것이나
밤나무와 상수리나무가
베임을 당하여도
그 그루터기는
남아 있는 것 같이
거룩한 씨가
이 땅의 그루터기니라
하시더라' (이사야 6:13)

나는 그 그루터기를 생각하며
우상을 숭배했던 너희가 회개하기를 기다렸지.
왜냐하면, 내가 사랑하는 너희들이
세상의 창조주인 나와 교제하며
이 세상의 진정한 주권자가 누구인지 알고
참된 주인인 내 안에서 참된 복을 누리기 위해선
진실된 회개가 필요했기 때문이야.

'…너희는 돌이켜 회개하고 모든 죄에서 떠날 지어다
그리한즉 그것이 너희에게 죄악의 걸림돌이 되지 아니하리라
너희는 너희가 범한 모든 죄악을 버리고 마음과 영을 새롭게 할지어다
이스라엘 족속아 너희가 어찌하여 죽고자 하느냐
주 여호와의 말씀이니라 죽을 자가 죽는 것도
내가 기뻐하지 아니하노니
너희는 스스로 돌이키고 살지니라'
(에스겔 18:30-32)

그러나 너희는
회개하지 않았단다.
어쩔 수 없는 일이었노라고
변명했지.

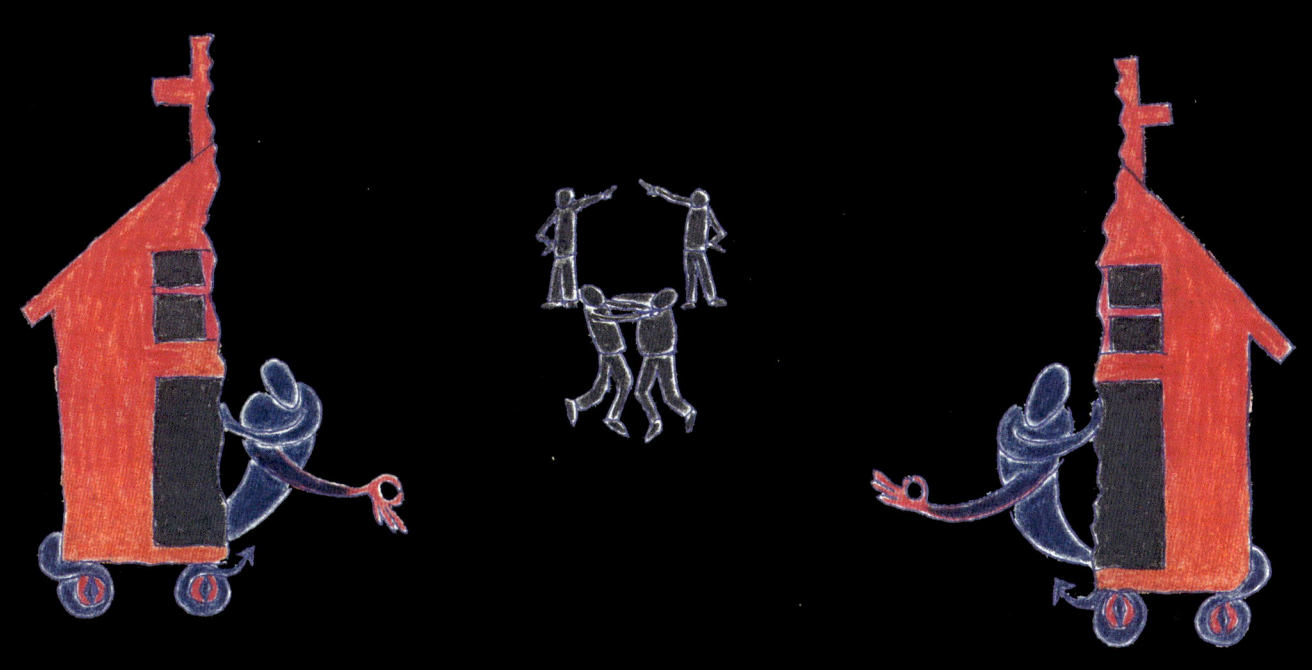

그리고 끝내 나의 집, 나의 교회에서
너희는 각자의 의를 위하여 싸우고 다투며
갈라지기까지 했어.

우상에게 경배하고는 회개하지 않으며
그 마음이 교만해져서 자고하고 싸우고 분열한 너희에게 나는 진노했단다.
그래서 나의 말과 나의 계명을 버리고 태양신에게 절한 너희를
마치 솔로몬에게서 나라를 빼앗아 그 신하에게 주듯,
분열의 영과 또 다른 우상에게 넘겨주었어.

'솔로몬이 마음을 돌려
이스라엘의 하나님 여호와를 떠나므로
여호와께서 그에게 진노하시니라
여호와께서 일찍이 두 번이나 그에게 나타나시고
이 일에 대하여 명령하사
다른 신을 따르지 말라 하셨으나
그가 여호와의 명령을 지키지 않았으므로
여호와께서 솔로몬에게 말씀하시되
네게 이러한 일이 있었고 또 네가 내 언약과
내가 네게 명령한 법도를 지키지 아니하였으니
내가 반드시 이 나라를 네게서 빼앗아
네 신하에게 주리라'
(열왕기상 11: 9-11)

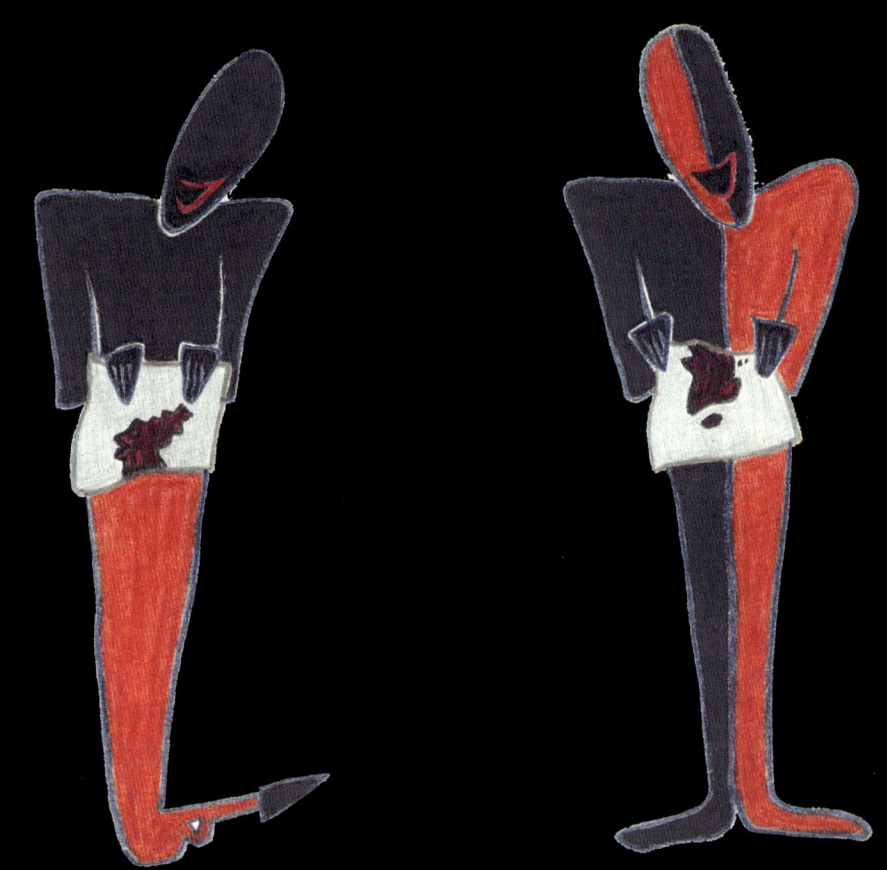

신사 참배를 강요했던 이웃나라는 물러갔지만
분열을 즐거워하는 악한 영들이 기다렸다는 듯이 여기저기서 기승을 부렸지.
사상과 이념이라는 것으로 가장한 분열의 영과 싸움의 영이
다른 열강으로 들어가 이 땅을 지배하기 시작했단다.
하나였던 이 땅도 그때로부터 아래와 위, 남과 북으로 갈라졌지.
땅만 나뉜 것이 아니라 생각과 마음도 나뉘었어.

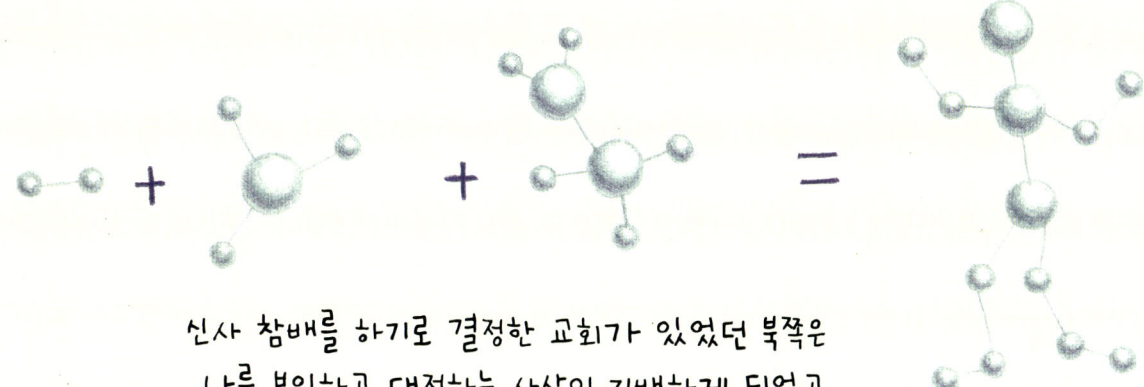

신사 참배를 하기로 결정한 교회가 있었던 북쪽은
나를 부인하고 대적하는 사상이 지배하게 되었고

나를 대적하지는 않았지만 나보다
부강한 이웃나라를 더 의지하는 남쪽은
물질이 지배하게 되었어.

4. 복음은 사상과 싸우지 않는다

나를 부인하는 사상으로 인해 북쪽에서는 교회가 핍박을 받기 시작했고
그곳에 있던 나의 백성들이 환란을 피해 남쪽으로 내려왔어.

그리고 마침내 싸움의 영의 화인을 받은 너희들에게 전쟁이 일어났단다...

나를 대적하는 사상의 영이 북쪽의 한 사람을 위시해
이 땅을 하나로 만들어 보겠다며 남쪽으로 내려와 전쟁을 일으키고
많은 사람들의 생명과 땅을 앗아갔지.

그러자 침략을 당한 남쪽은 무고한 죽음과 희생에 분노했어.
그리고 맞서 싸우기 시작했단다. 그 중 나의 자녀들도 나의 이름으로
이 땅을 통일하겠다며 다를 바 없이 싸우고 죽였지.

결국 밀고 밀리는 전쟁 가운데 더 많은 사람들이 죽었고
더 많은 땅이 황폐해졌어...

하나가 되긴커녕 원수가 된 채 전쟁은 멈추었어.
그렇게 남북은 갈라졌단다.

전쟁이 끝난 후
남쪽 땅에는 나를 예배할 수 있는 자들이 남아 있었지.
아니 내가 남겨 두었어.
왜냐하면 나는 그들을 통해서 다시 이 땅과 너희들이 회복되고
나에게로 온전히 돌아와 내 안에서 하나가 되길 바랐기 때문이지.
비록, 신사 참배를 했고, 분열했고, 전쟁했고, 살육했지만,
그렇게 죄 가운데 있었지만,

나는
남아 있는 그들이
먼저 스스로의 죄를
회개하고

그 영육이 내 안에서
치유되고 깨어나
기도와 사랑으로
온전히 이 영적 싸움에서
승리하기를 바랐지.

그러나 너희들은 나에게 회개 대신 풍요를 구했단다.

나는 나를 위하여
목숨을 바치고 믿음과 충성을 지켰던
나의 사랑하는 용사들을 생각하며,
너희의 회개를 기다리며,
너희가 내 안에서 회복되어 하나가 되기를 바라며,
너희의 기도대로 남쪽의 땅을 풍성하게 만들어 주었어.
하지만 내가 아무리 아무리 기다려도
태양신에게 절하고 분열하고 싸웠던 너희의 죄는 회개하지 않았고
하나가 되기 위해 기도하지 않았단다.

그리고 어느덧 남쪽은 풍요와 물질이 우상이 되고 말았지.

'그러므로 땅에 있는 지체를 죽이라
곧 음란과 부정과 사욕과 악한 정욕과 탐심이니 탐심은 우상 숭배니라'
(골로새서 3:5)

너희는 너희의 만족만을 좇으며 타락해 갔어. 풍요만이 최고의 복이라
생각하며 진정한 복에 대해서는
눈이 어두워 갔지.

내가 그 땅 주민에게 내 손을 펼 것인즉
그들의 집과 밭과 아내가 타인의 소유로 이전되리라
여호와의 말씀이니라
이는 그들이 가장 작은 자로부터 큰 자까지 다 탐욕을 부리며
선지자로부터 제사장까지 다 거짓을 행함이라
그들이 내 백성의 상처를 가볍게 여기면서 말하기를
평강하다 평강하다 하나 평강이 없도다 '
(예레미아 6:12-14)

회개하지 않았기에
회개를 통해 치유 받지 못한 너희의 마음에는
용서도, 사랑도, 긍휼도, 화평도
부족할 수밖에 없었어.
북쪽에게 너희가 빼앗긴 것만을 생각하며
너희가 죽임 당한 것만을 생각하며
그들을 용서하지 못했지.
내가 너희 민족을 긍휼이 여겨
내 안에서 하나로 회복시키기 위해
남쪽에 있는 너희를 구별해
복을 주었건만

마치 너희는 스스로 믿음을 지킨 것처럼
교만해져서 육의 복을 자랑하며
믿음의 당연한 결과라
생각했단다.

'바리새인은
서서 따로 기도하여
이르되 하나님이여
나는 다른 사람들 곧 토색, 불의, 간음을 하는 자들과 같지 아니하고 이 세리와도
같지 아니함을 감사하나이다 나는 이레에 두 번씩 금식하고 또 소득의 십일조를
드리나이다 하고' (누가복음 18: 11-12)

그리고 물질의 축적이 우선 순위가 된
남쪽 땅은 점점 진흙탕으로 변해 갔어.
너희의 죄,
과거 우상에 절한 죄,
형제를 살육한 죄,
분열한 죄,
풍요를 우상으로 섬기는 죄,
타락의 죄는
생각하지 못했단다...

너희들이 풍요를 구하고 그 풍요가 우상이 되어 가는 동안
북쪽 땅에는
'태양'이라 자칭하는 지배자가
인간 영웅이 되어 우상의 자리에 앉았으며
주체라는 사상으로 예수 그리스도의 복음을 가려 버렸지.
북쪽의 나의 집, 옛 교회 터에 커다란 그의 동상이 세워졌고
그것은 북쪽 사람들에게 신상이 되었어.
그러면서 그 땅은 황폐해지고
점점 살얼음이 얼어 갔단다.

그것이 우상 숭배의 결과지.

'조각한 신상을 섬기며 허무한 것으로 자랑하는 자는 다 수치를 당할 것이라
너희 신들아 여호와께 경배할지어다' (시편 97:7)

'새긴 우상은 그 새겨 만든 자에게 무엇이 유익하겠느냐
부어 만든 우상은 거짓 스승이라
만든 자가 이 말하지 못하는 우상을 의지하니 무엇이 유익하겠느냐
나무에게 깨라 하며 말하지 못하는 돌에게 일어나라 하는 자에게 화 있을진저
그것이 교훈을 베풀겠느냐 보라 이는 금과 은으로 입힌 것인즉
그 속에는 생기가 도무지 없느니라' (하박국 2:18-19)

'장색의 손으로 조각하였거나 부어 만든 우상은 여호와께 가증하니
그것을 만들어 은밀히 세우는 자는 저주를 받을 것이라 할 것이요
모든 백성은 응답하여 말하되 아멘 할지니라' (신명기 27:15)

'사람마다 어리석고 무식하도다
은장이마다 자기의 조각한 신상으로 말미암아 수치를 당하나니
이는 그가 부어 만든 우상은 거짓 것이요 그 속에 생기가 없음이라
그것들은 헛 것이요 망령되이 만든 것인즉 징벌하실 때에 멸망할 것이나
야곱의 분깃은 이같지 아니하시니
그는 만물의 조성자요 이스라엘은 그의 기업의 지파라
그 이름은 만군의 여호와시니라' (예레미야 10:14-16)

태양이라 불리는 사람은 그 땅과 너희 형제자매를 결박했고
그곳은 점점 피폐해지고 잔악해졌으며 네 형제자매들은 영의 굶주림과
육의 굶주림으로 죽어 갔지.

'그가 내게 이르시되 인자야 이제 너는 눈을 들어 북쪽을 바라보라 하시기로
내가 눈을 들어 북쪽을 바라보니 제단문 어귀 북쪽에 그 질투의 우상이 있더라'
(에스겔 8:5)

'그가 또 나를 데리고
여호와의 성전 안뜰에
들어가시니라
보라 여호와의 성전 문
곧 현관과 제단 사이에서
약 스물다섯 명이
여호와의 성전을 등지고
낯을 동쪽으로 향하여
동쪽 태양에게 예배하더라
또 내게 이르시되
인자야 네가 보았느냐
유다 족속이 여기에서 행한
가증한 일을 적다 하겠느냐
그들이 그 땅을 폭행으로 채우고
또 다시 내 노여움을 일으키며
심지어 나뭇가지를 그 코에 두었느니라
그러므로 나도 분노로 갚아
불쌍히 여기지 아니하며
긍휼을 베풀지도 아니하리니
그들이 큰 소리로 내 귀에 부르짖을지라도
내가 듣지 아니하리라'
(에스겔 8:16-18)

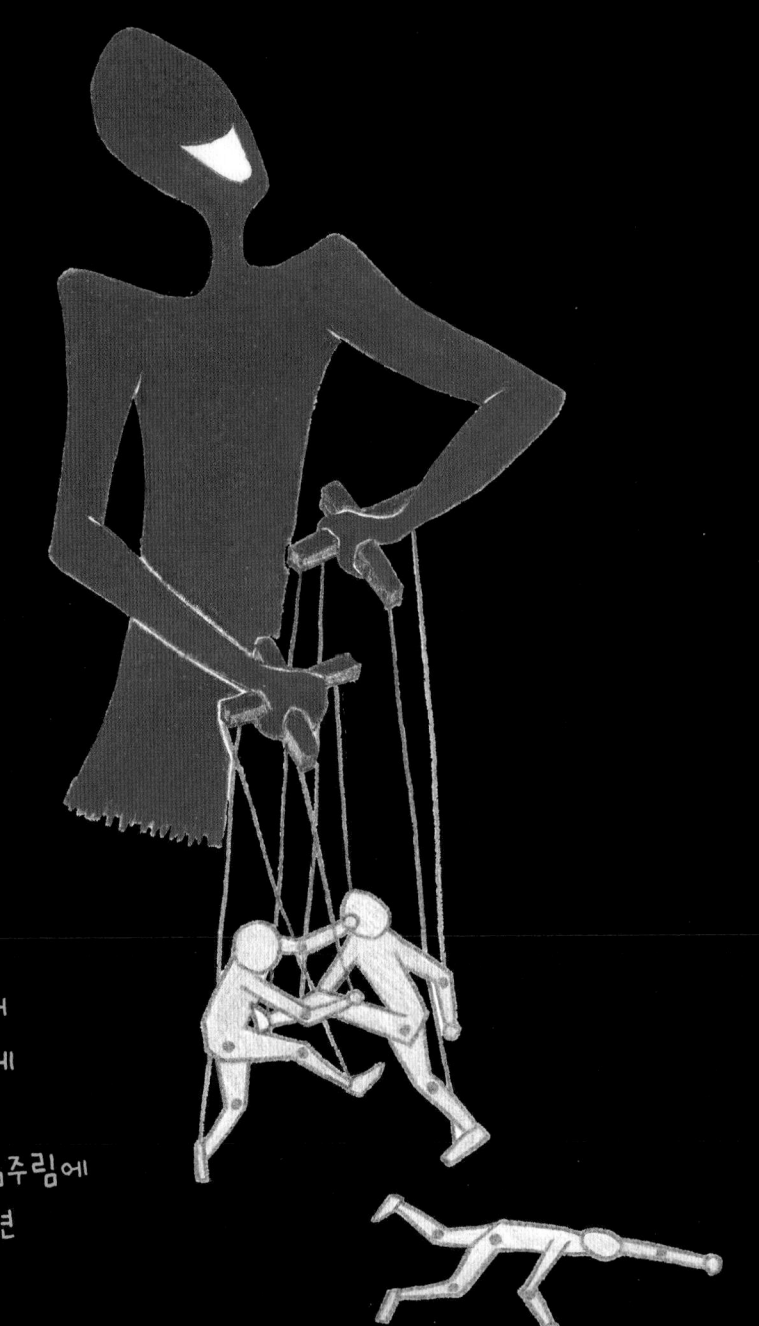

조세핀,
너희와 함께
피와 살을 나눈
형제자매가
나를 알지 못한 채
한 인간 우상에게
지배를 받으며
영육의 억압과 굶주림에
죽어 가고 있다면

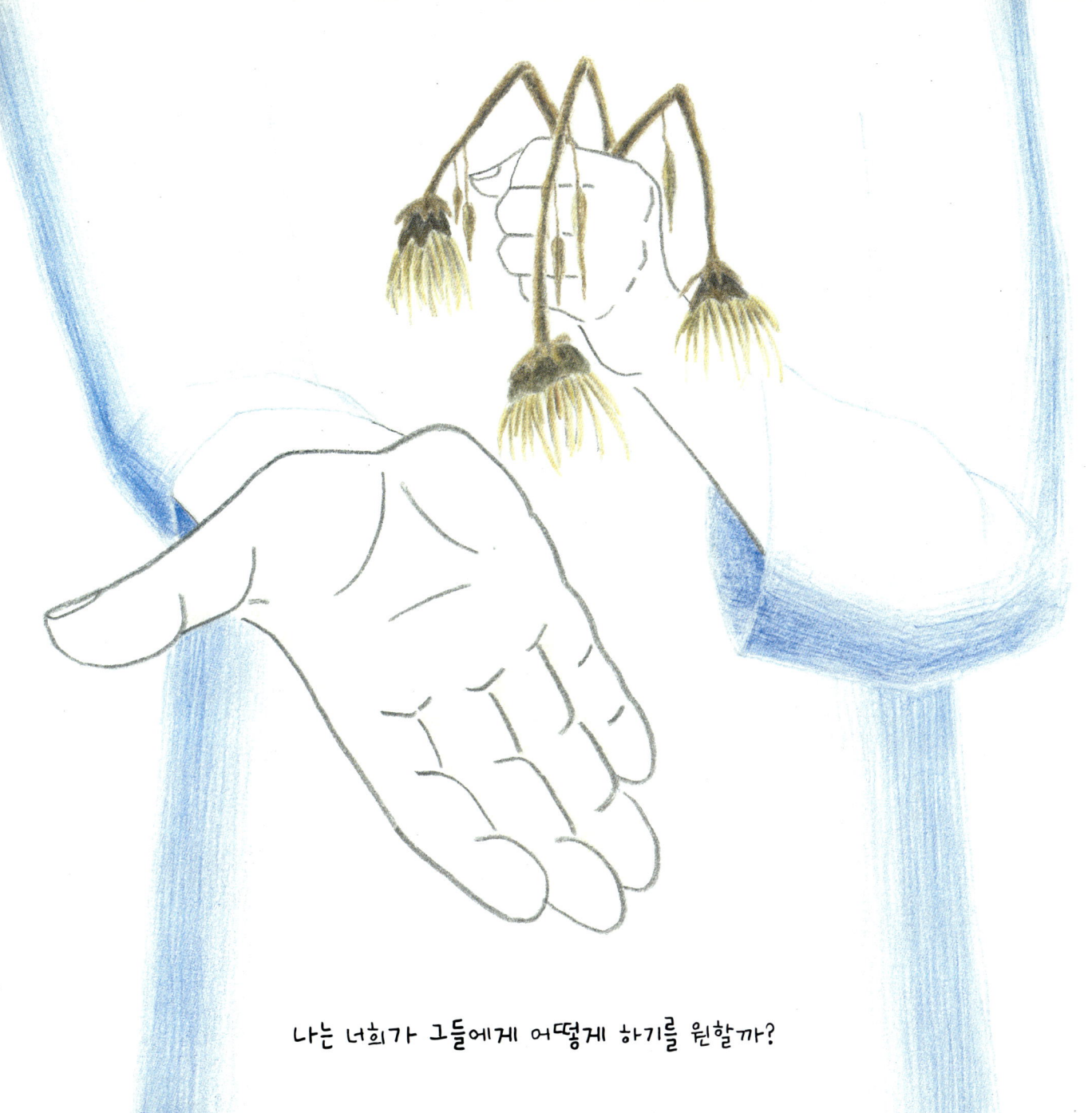

그들이 나를 대적하고
우상을 섬기니
용서할 수 없는 적이라고 정죄하라 말할까?

그들이 너무 못살아서
그들과 너희의 풍요를 나누면
둘 다 가난해지니
한쪽이라도 잘살아야 한다고 말할까?
그들의 구원은 지금은 좀 이르니 나중에 일하라고 말할까?

남쪽과 북쪽이 가치관이 다르고 사상이 다르니 반대하고 배척하라고 말할까?
.
.
.
.
.
.

아니, 조세핀, 그렇지 않아.

우상에게 결박을 당한 그들에게 나의 진정한 구원과 해방이 필요하지.

구원과 해방

우상이 있는 곳에 내가 필요하며
우상으로 인해 가난과 죽음이 있는 곳에
진정으로 내가 필요하지...
바로 너희들이
그것을 위해 일해야 하는 사명을
갖고 있는 거야.

생각이 다르다고
두려워하거나 미워하지마.

복음은 사상과 싸우지 않는다.

복음은 사상을 치유하며
복음은 사상으로 인해 상처받은 영혼을 치유하지.

복음은 능력이며

복음에는 진정한 구원과 해방이 있고

복음에는 영원한 생명과 참된 풍요가 있지.
예수 그리스도의 사랑과 생수가 넘쳐흐르는...

5. 하나, 둘, 셋

자, 조세핀.
이제 너희는 먼저 무엇을 해야 할까?

어떻게 해야
저 얼음 땅이 녹고
이 진흙 땅이
깨끗해질 수 있을까?
그리고
어떻게 해야
저 가시관이 벗겨질 수 있을까?

첫째, 나는 먼저 너희가 회개하고 치유를 받기 바라.

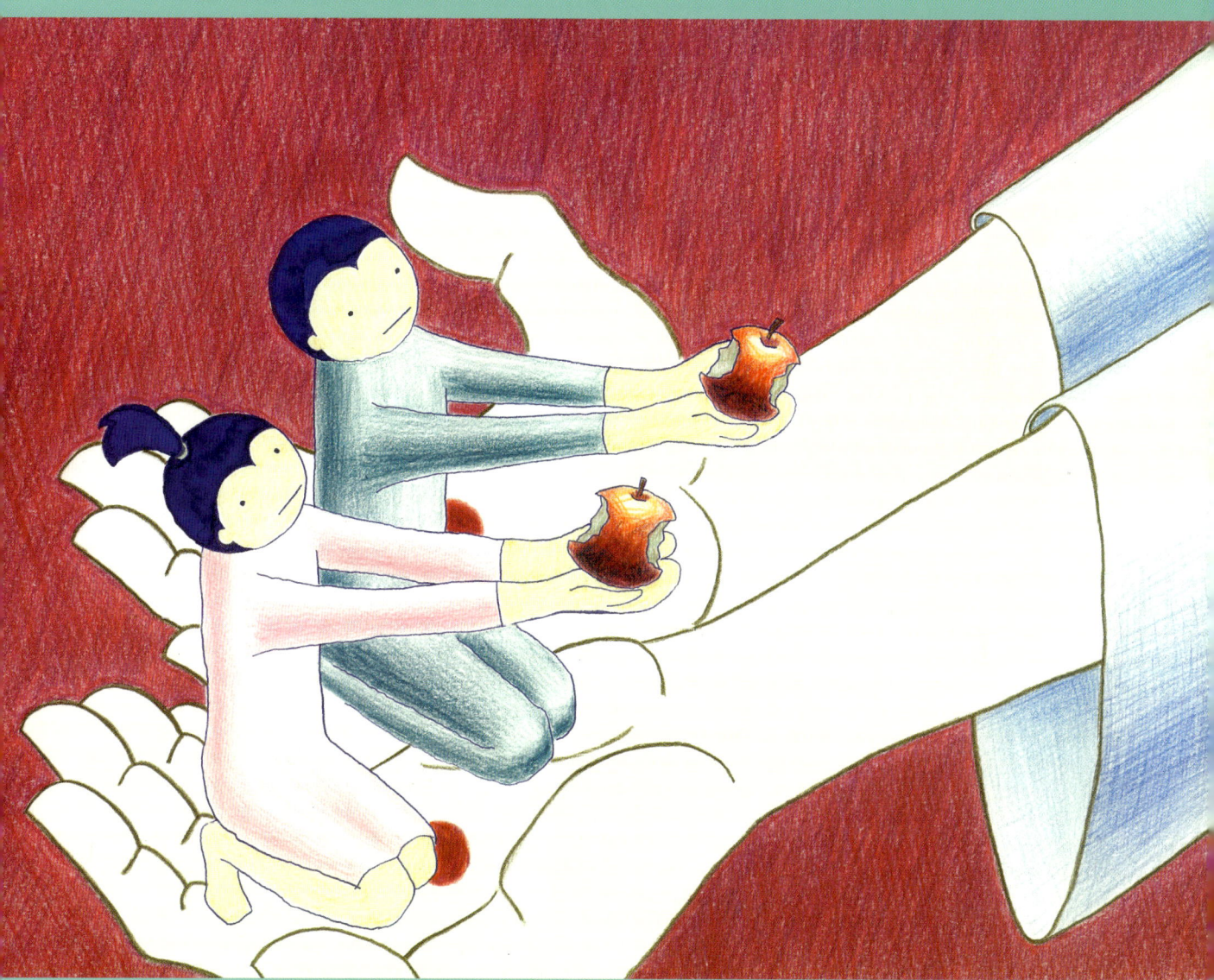

북쪽의 얼음 땅이
남의 죗값이 아니라
너희 민족의 죗값임을 깨닫기 바라.
오래전 나를 배신하고 이웃나라 태양신에게 절한
죄로 인해 그 땅이 잔악한 우상의 지배를 받게 된 것을 깨닫고
진심으로 회개하기를 바라.

그리고 우상에게 빼앗긴 북쪽 땅을 다시 찾기 위해 일해야 하는
사명을 잊어 버린 채 너희의 명분만을 위해 분열하고
풍요만을 구하다 풍요가 우상이 되어 버린
너희 남쪽의 타락을 회개하기 바라.

너희가 이러한 죄를 회개하지 않는다면
그래서 죄로 인해 상처받고 왜곡된 영육이 나를 통해 치유 받지 못한다면
거짓의 영과 우상의 영이 계속 너희를 지배하게 될 거야.
분노와 분쟁과 미움과 슬픔과 억울함과 두려움과 악행이 너희 안에
남아서 너희를 계속 죄 가운데 머물게 하며 괴롭힐 거야.

그리고 너희의 마음에는
기도 대신 저주가,
용서 대신 정죄가,
사랑 대신 미움이,
화평 대신 싸움이,
화합 대신 분열이,
복음 대신 우상이 자리잡게 될거야.

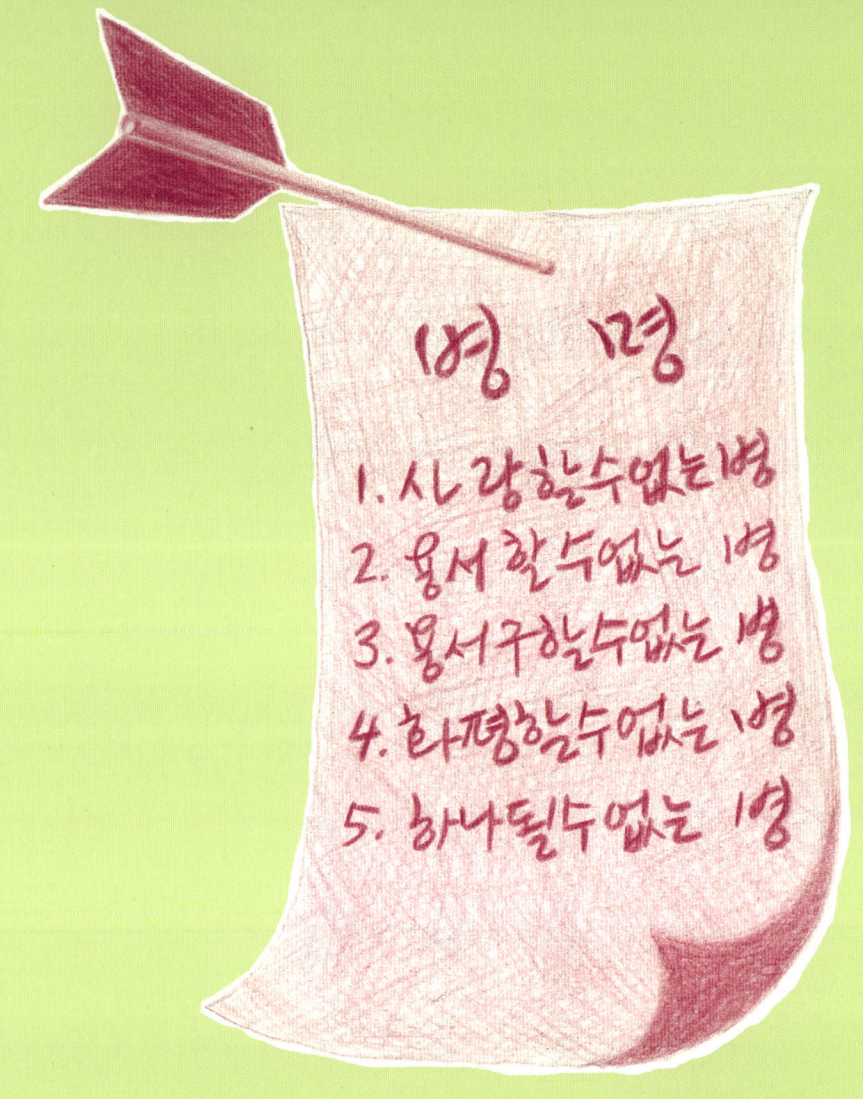

그러면 너희는 누군가를 사랑할 수도, 용서할 수도, 용서를 구할 수도,
화평할 수도 없고 다시 하나가 될 수도 없겠지...

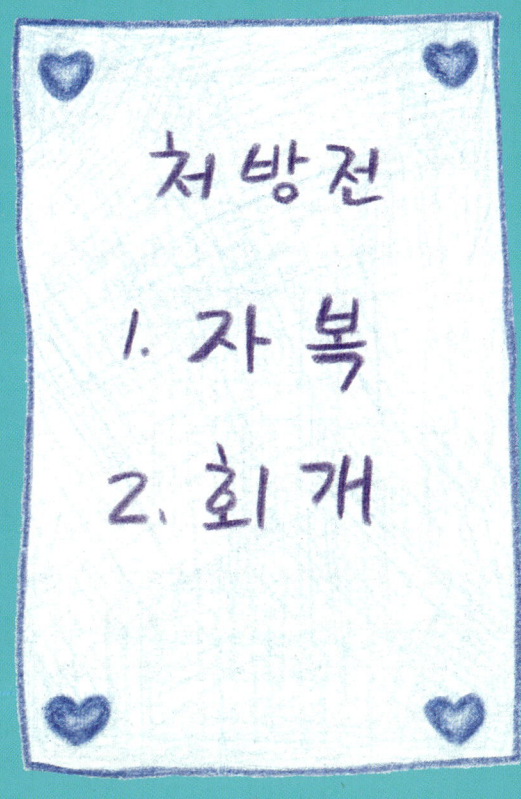

왜냐하면 치유는 죄의 자복과 회개로부터 오기 때문이야.
자복과 회개는 진정한 치유이며 그 결과는 참된 복이지.

그리고 둘째, 이제 그만 미워하고
그만 적대하고 그들을 위해 진심으로 기도해야만 해.
북쪽의 지배자들을 위해서, 그 지배 밑에서 죽어 가고 있는 너희의 혈육을 위해서.

나를 잃어 버려
나를 알지 못하는 그들을
불쌍히 여기고
그들의 생존하고자 하는 몸부림과
세상에서 고립된 두려움이
공격의 영에게 사로잡혀
더욱 더 악해지는 것을
안타까워하기를 바라.
행한 대로 거둔다 말하며
비웃지 말고
그들의 행동을 통해
그 땅의 울음소리를
들을 수 있어야만 해.

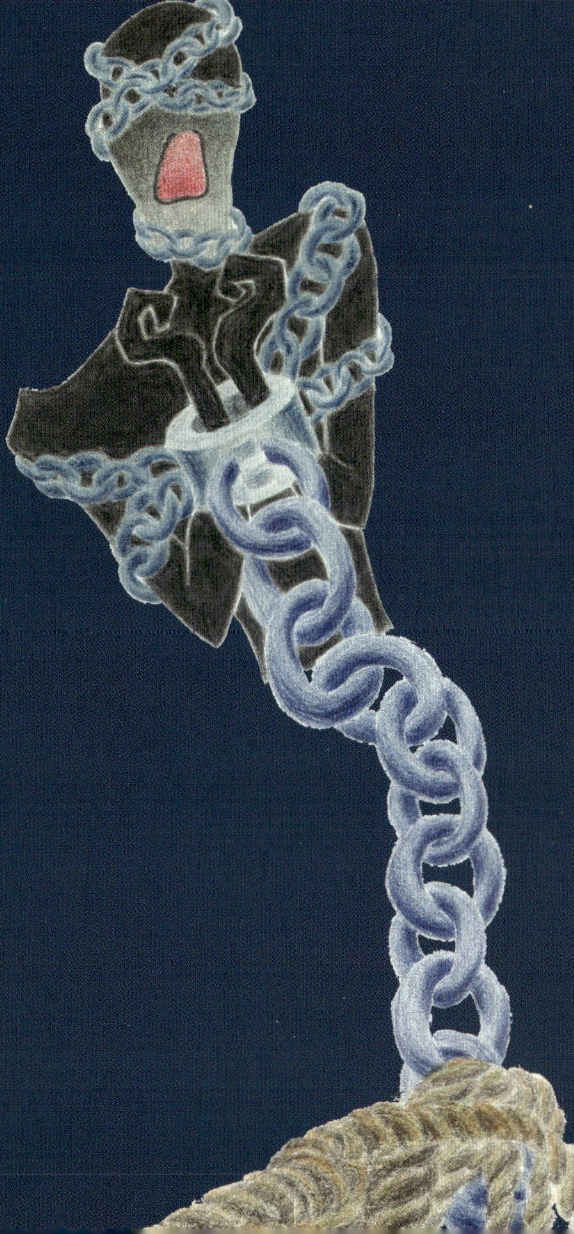

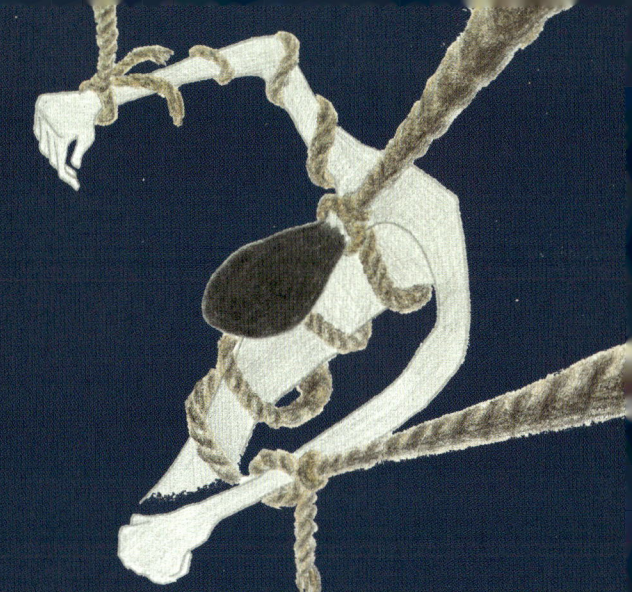

나를 바라봐 달라고,
나와 얘기 좀 하자고,
내가 이렇게 아프다고,
살고 싶다고,
도와 달라고,
이 악의 결박을 풀어 달라고 외치는
그 땅, 깊은 속
영의 부르짖음을 들을 수 있어야만 해...

그들이 그 땅의 지배자이건
그 땅의 죽어 가는 백성이건
피를 나눈 너희가
안타까워하지 않는다면
그 누가 그들을
안타까워할 수 있겠니?

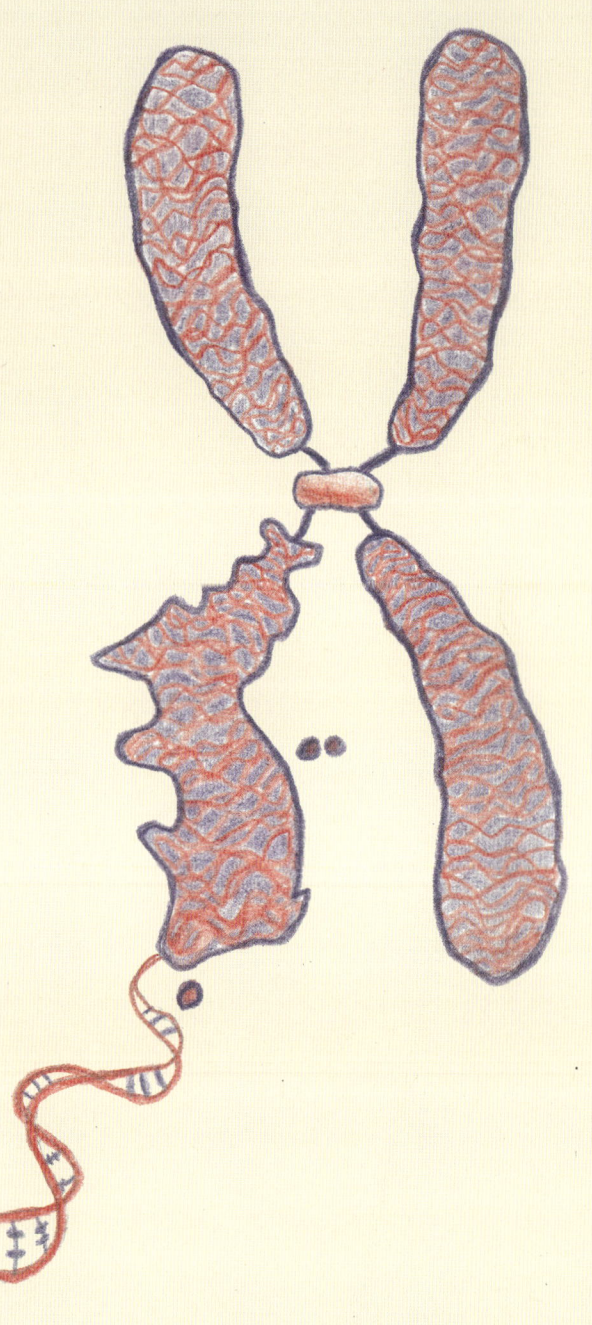

그 지배자들이 참된 생존의 길이 무엇인지,
무엇이 멸망의 길로 가는 것인지 깨달아 알 수 있도록
그들을 위해 기도하지 않는다면...

...그 악은 끊어질 수가 없어!

너희가 보고 있지 않니?
피와 살을 함께 나눈 너희 형제자매가
또 다른 너희 혈육의 지배 밑에서 굶주리며 죽어 가고 있는 것을,
짐승과 같이 얻어맞고 있는 것을,
살기 위해 그 땅을 탈출하고 아무도 돌보지 않는 남의 땅에서
천덕꾸러기가 되어 여기저기 팔려 다니며 학대 받는 것을...

그들이 나를 알지 못한 채, 영육을 사탄 마귀에게 빼앗겨
그 악한 영의 지배를 받고 있는다 것을 기억하며
그들이 하루 속히 마귀의 올무에서 벗어나기를 나에게 꼭 기도하렴.
그 악이 끊어질 수 있도록, 그들이 어서 나의 지배를 받을 수 있도록...

'어리석고 무식한 변론을 버리라
이에서 다툼이 나는 줄 앎이라
주의 종은 마땅히 다투지 아니하고
모든 사람에 대하여 온유하며 가르치기를 잘하며 참으며
거역하는 자를 온유함으로 훈계할지니
혹 하나님이 그들에게 회개함을 주사 진리를 알게 하실까 하며
그들로 깨어 마귀의 올무에서 벗어나 하나님께 사로잡힌 바 되어
그 뜻을 따르게 하실까 함이라'
(디모데후서 2:23-26)

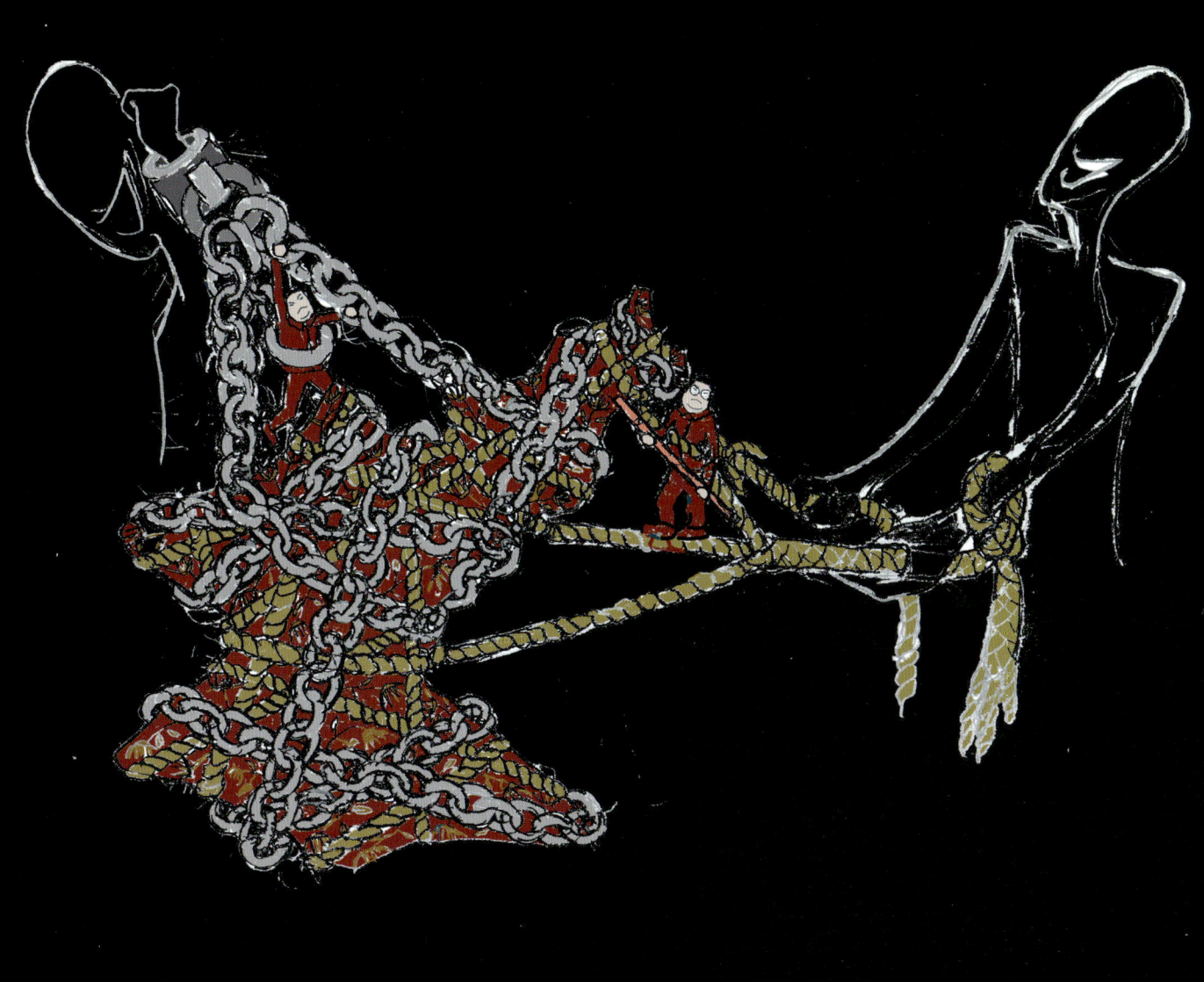

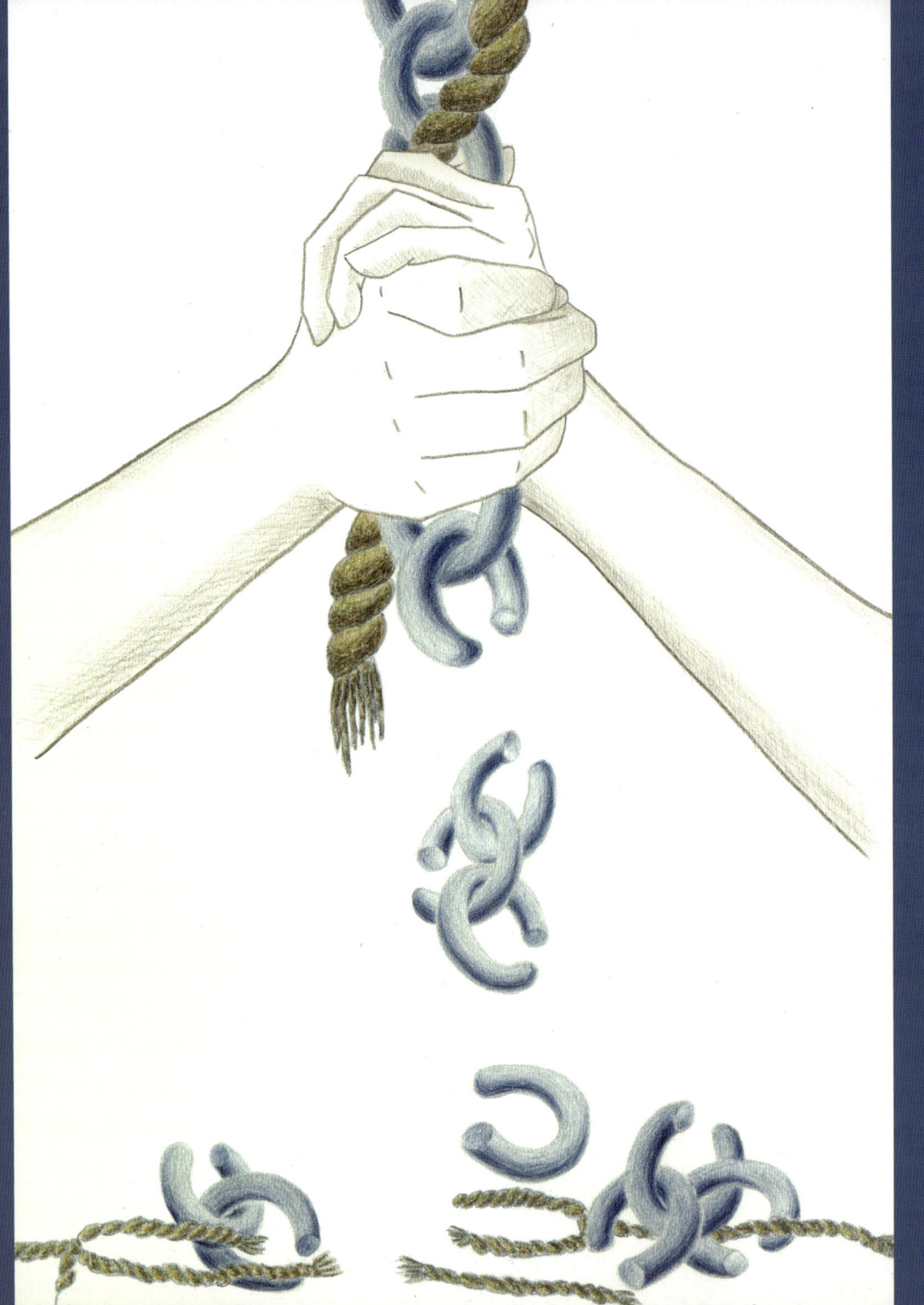

'원수를 갚지 말며 동포를 원망하지 말며 네 이웃 사랑하기를
네 자신과 같이 사랑하라 나는 여호와이니라'
(레위기 19:18)

'나는 너희에게 이르노니
너희 원수를 사랑하며 너희를 박해하는 자를 위하여 기도하라
이같이 한즉 하늘에 계신 너희 아버지의 아들이 되리니
이는 하나님이 그 해를 악인과 선인에게 비추시며
비를 의로운 자와 불의한 자에게 내려주심이라
너희가 너희를 사랑하는 자를 사랑하면 무슨 상이 있으리요
세리도 이같이 아니하느냐
또 너희가 너희 형제에게만 문안하면 남보다 더하는 것이 무엇이냐
이방인들도 이같이 아니하느냐
그러므로 하늘에 계신 너희 아버지의 온전하심과 같이
너희도 온전하라'
(마태복음 5:44-48)

'그러나 너희 듣는 자에게 내가 이르노니
너희 원수를 사랑하며 너희를 미워하는 자를 선대하며
너희를 저주하는 자를 위하여 축복하며
너희를 모욕하는 자를 위하여 기도하라'
(누가복음 6: 27-28)

셋째, 너희가 먼저 용서하고 사랑해야 해.

'...너희가 다 마음을 같이하여 동정하며
형제를 사랑하며 불쌍히 여기며 겸손하며
악을 악으로, 욕을 욕으로 갚지 말고 도리어 복을 빌라
이를 위하여 너희가 부르심을 받았으니 이는 복을 이어받게 하려 하심이라'
(베드로전서 3: 8-9)

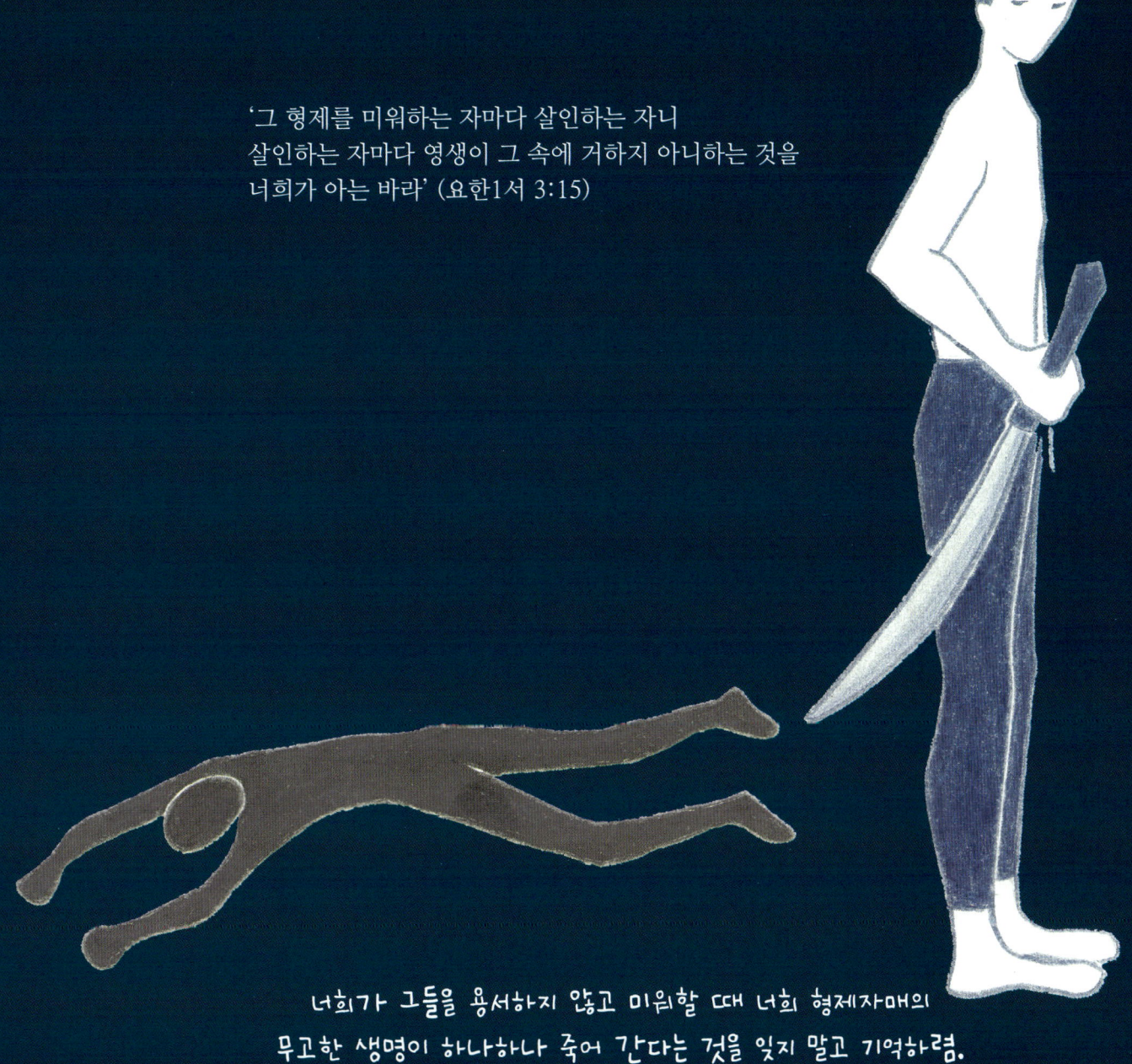

너희가 그들을 사랑하지 못하고 미워하면서
너희가 나를 사랑한다고
말할 수는 없단다.

'누구든지 하나님을 사랑하노라 하고
그 형제를 미워하면
이는 거짓말 하는 자니
보는 바 형제를 사랑하지 아니하는 자는
보지 못하는 바 하나님을 사랑할 수 없느니라
우리가 이 계명을 주께 받았나니
하나님을 사랑하는 자는 또한 그 형제를 사랑할지라'
(요한1서 4:20-21)

아무리
나에게
예배를 잘 드린다 해도,
그들이 미운 이유를
내 앞에서 그럴 듯하게
정당화한다 해도,
너희가 그들을 용서하지 못하고
미워하며 사랑하지 않는다면
나에 대한 너희의 사랑을
나는 믿을 수가 없지.
그리고 아무도 믿어 주지 않지.

'사랑하는 자들아 우리가 서로 사랑하자
사랑은 하나님께 속한 것이니
사랑하는 자마다 하나님으로부터 나서 하나님을 알고
사랑하지 아니하는 자는 하나님을 알지 못하나니
이는 하나님은 사랑이심이라'
(요한1서 4:7-8)

'어느 때나 하나님을 본 사람이 없으되
만일 우리가 서로 사랑하면 하나님이 우리 안에 거하시고
그의 사랑이 우리 안에 온전히 이루어지느니라'
(요한1서 4:12)

그리고 너희도 그들에게
용서를 구해야 한다는 것을 기억하렴.
똑같이 갚아 주었던 것,
하나가 되기 위해 노력하지 못했던 것,
화해하려 하지 않았던 것,
미워했던 것,
정죄했던 것에 대해 너희도 용서를 구해야 해.

'너희는 모든 악독과 노함과 분냄과
떠드는 것과 비방하는 것을 모든 악의와 함께 버리고
서로 친절하게 하며 불쌍히 여기며 서로 용서하기를
하나님이 그리스도 안에서 너희를 용서하심과 같이 하라'
(에베소서 4:31-32)

너희만 나의 자녀가 아니라 그들도 똑같이 나의 자녀임을 잊어서는 안 돼.
그들은 나의 잃어 버린 양이란다.

'예수께서 그들에게 이 비유로 이르시되
너희 중에 어떤 사람이 양 백 마리가 있는데 그 중의 하나를 잃으면
아흔아홉 마리를 들에 두고 그 잃은 것을 찾아내기까지
찾아다니지 아니하겠느냐'
(누가복음 15:3-4)

'예수께서 그리스도이심을 믿는 자마다 하나님께로부터 난 자니
또한 낳으신 이를 사랑하는 자마다 그에게서 난 자를 사랑하느니라
우리가 하나님을 사랑히고 그의 계명들을 지킬 때에
이로써 우리가 하나님의 자녀를 사랑하는 줄을 아느니라'
(요한1서 5:1-2)

'너희도 함께 갇힌 것 같이 갇힌 자를 생각하고
너희도 몸을 가졌은즉 학대 받는 자를 생각하라'
(히브리서 13:3)

'오직 선을 행함과 서로 나누어 주기를 잊지 말라
하나님은 이같은 제사를 기뻐하시느니라'
(히브리서 13:16)

6. 그리고 넷, 다섯

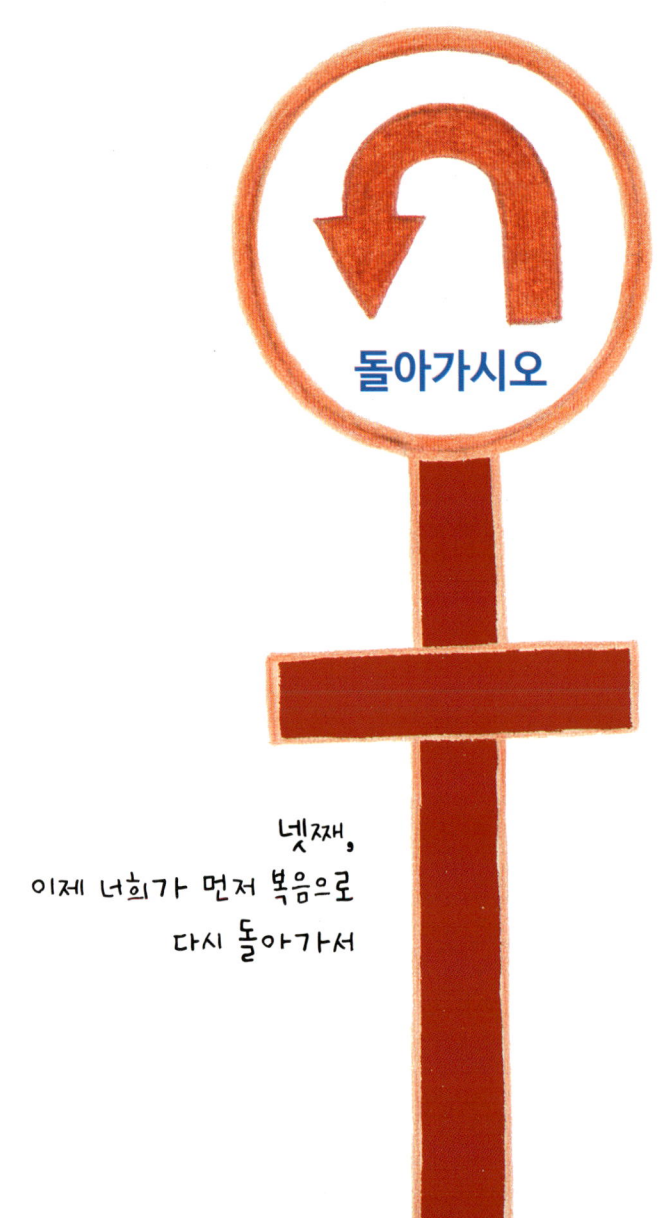

넷째,
이제 너희가 먼저 복음으로
다시 돌아가서

복음의 삶을 살아 내며
변화되어야만 해.

너희는 서로에게 상처를 주었지만
상처의 실체는 사탄임을 깨달아야 한단다.
이제는 너희가 싸워야 할 대상이 누구인지 바로 알아
정신을 차리고 근신하며 깨어서 기도해야 하지.
너희를 분열시키고 공격하는 마귀는
우는 사자와 같이 두루 다니며 너희를 삼키려고 찾고 있어.
이같이 너희 씨름의 상대는 바로 악한 영이야...

'우리의 씨름은 혈과 육을 상대하는 것이 아니요
통치자들과 권세들과
이 어둠의 세상 주관자들과 하늘에 있는 악의 영들을 상대함이라'
(에베소서 6:12)

그 씨름을 위해 너희는 이렇게 준비하렴.

'그러므로 하나님의 전신 갑주를 취하라
이는 악한 날에 너희가 능히 대적하고 모든 일을 행한 후에 서기 위함이라
그런즉 서서 진리로 너희 허리 띠를 띠고 의의 호심경을 붙이고
평안의 복음이 준비한 것으로 신을 신고
모든 것 위에 믿음의 방패를 가지고
이로써 능히 악한 자의 모든 불화살을 소멸하고
구원의 투구와 성령의 검 곧 하나님의 말씀을 가지라
모든 기도와 간구를 하되 항상 성령 안에서 기도하고
이를 위하여 깨어 구하기를 항상 힘쓰며 여러 성도를 위하여 구하라
또 나를 위하여 구할 것은
내게 말씀을 주사 나로 입을 열어
복음의 비밀을 담대히 알리게 하옵소서 할 것이니'
(에베소서 6:13-19)

그리고 너희 남쪽이 먼저 복음 안에서 하나가 되어야 하지.
서로의 의견이 좀 다를지라도 듣기는 속히 하고 말하기는 더디 하며
하나가 되기 위해 노력하고 분열해서는 안돼.

모든 사람이 다 똑같아서　　　　　　　　하나가 되는 것이 아니라
다 다른 모습의 너희들이　　　　　　　공존하면서 서로의 존재를
존중하고 서로가 배우며　　　　　　　합력하여 선을 이루어야 해.
분열은 나의 것이 아니고, 나뉨과 싸움과 상처는 사탄의 것이니까...

내가 각자에게 맡겨 놓은 사명을 서로 인정하고 격려하며 충성하는 것이
나의 기쁨이며 나의 뜻을 이루어 가는 것이란다.

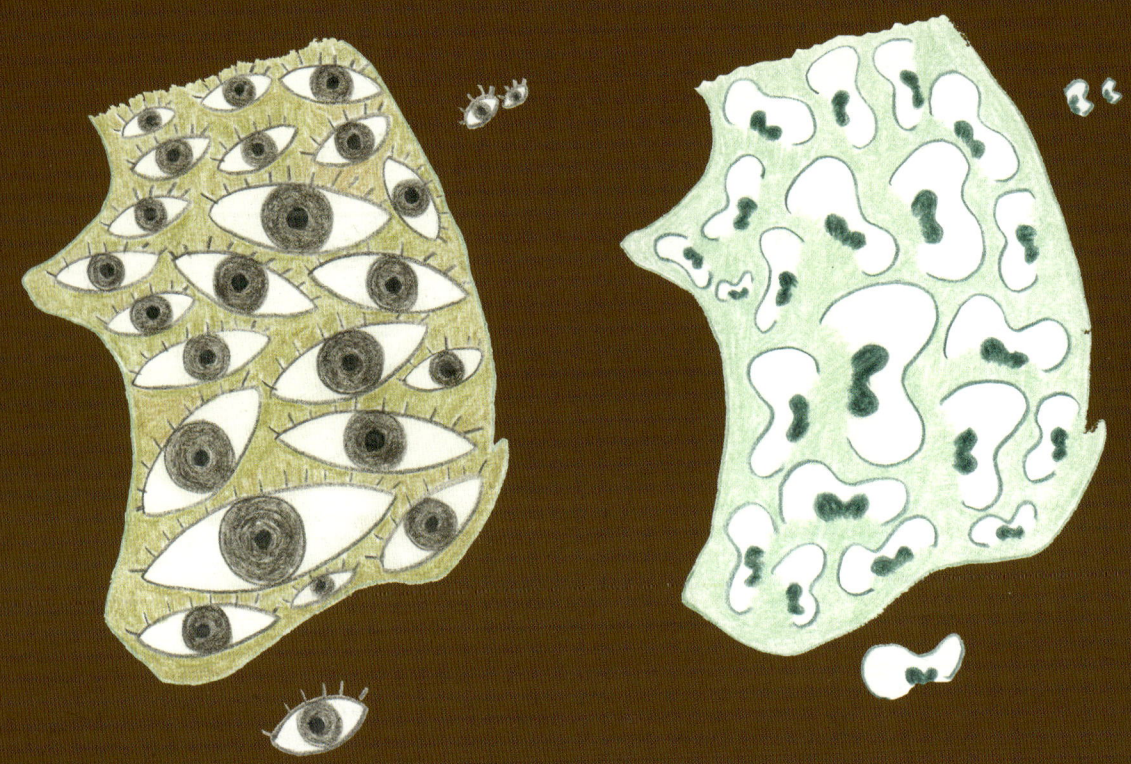

'만일 온 몸이 눈이면 듣는 곳은 어디며
온 몸이 듣는 곳이면 냄새 맡는 곳은 어디냐
그러나 이제 하나님이 그 원하시는 대로
지체를 각각 몸에 두셨으니
만일 다 한 지체뿐이면 몸은 어디냐
이제 지체는 많으나 몸은 하나라
눈이 손더러 내가 너를 쓸 데가 없다 하거나
또한 머리가 발더러 내가 너를 쓸 데가 없다 하지 못하리라
그뿐 아니라 더 약하게 보이는 몸의 지체가 도리어 요긴하고
우리가 몸의 덜 귀히 여기는 그것들을 더욱 귀한 것들로 입혀 주며
우리의 아름답지 못한 지체는 더욱 아름다운 것을 얻느니라

그런즉 우리의 아름다운 지체는 그럴 필요가 없느니라
오직 하나님이 몸을 고르게 하여
부족한 지체에게 귀중함을
더하사 몸 가운데서
분쟁이 없고

오직
여러 지체가
서로 같이 돌보게
하셨느니라
만일 한 지체가
고통을 받으면
모든 지체가 함께 고통을 받고
한 지체가 영광을 얻으면
모든 지체가 함께 즐거워하느니라
너희는 그리스도의 몸이요 지체의 각 부분이라'
(고린도전서 12:17-27)

그렇게 각자를 향한 나의 계획을 인정하며
남쪽이 먼저 복음 안에서 하나가 되어
나의 뜻을 바라본다면

너희는 나에게
남과 북도 하나가 되는 복음의 지혜를 얻게 될거야.

'오직 위로부터 난 지혜는 첫째 성결하고
다음에 화평하고 관용하고 양순하며
긍휼과 선한 열매가 가득하고 편견과 거짓이 없나니
화평하게 하는 자들은 화평으로 심어
의의 열매를 거두느니라'
(야고보서 3:17-18)

이처럼 너희가 복음 안에서 하나가 되는 것,
즉 복음의 통일을 이루는 것이 바로 나의 뜻이란다.

'그는 우리의 화평이신지라
둘로 하나를 만드사
원수 된 것 곧 중간에 막힌 담을 자기 육체로 허시고
법조문으로 된 계명의 율법을 폐하셨으니
이는 둘로 자기 안에서 한 새 사람을 지어 화평하게 하시고
또 십자가로 이 둘을 한 몸으로 하나님과 화목하게 하려 하심이라
원수 된 것을 십자가로 소멸하시고
또 오셔서 먼 데 있는 너희에게 평안을 전하시고
가까운 데 있는 자들에게 평안을 전하셨으니
이는 그로 말미암아 우리 둘이 한 성령 안에서
아버지께 나아감을 얻게 하려 하심이라'
(에베소서 2:14-18)

'찬송하리로다
하나님 곧 우리 주 예수 그리스도의 아버지께서
그리스도 안에서 하늘에 속한 모든 신령한 복을 우리에게 주시되
곧 창세 전에 그리스도 안에서 우리를 택하사
우리로 사랑 안에서 그 앞에 거룩하고 흠이 없게 하시려고
그 기쁘신 뜻대로 우리를 예정하사 예수 그리스도로 말미암아
자기의 아들들이 되게 하셨으니
이는 그가 사랑하시는 자 안에서 우리에게 기지 주시는 바
그의 은혜의 영광을 찬송하게 하려는 것이라
우리는 그리스도 안에서
그의 은혜의 풍성함을 따라
그의 피로 말미암아 속량 곧 죄사함을 받았느니라
이는 그가 모든 지혜와 총명을 우리에게 넘치게 하사
그 뜻의 비밀을 우리에게 알리신 것이요
그의 기뻐하심을 따라 그리스도 안에서
때가 찬 경륜을 위하여 예정하신 것이니
하늘에 있는 것이나 땅에 있는 것이
다 그리스도 안에서 통일되게 하려 하심이라'
(에베소서 1:3-10)

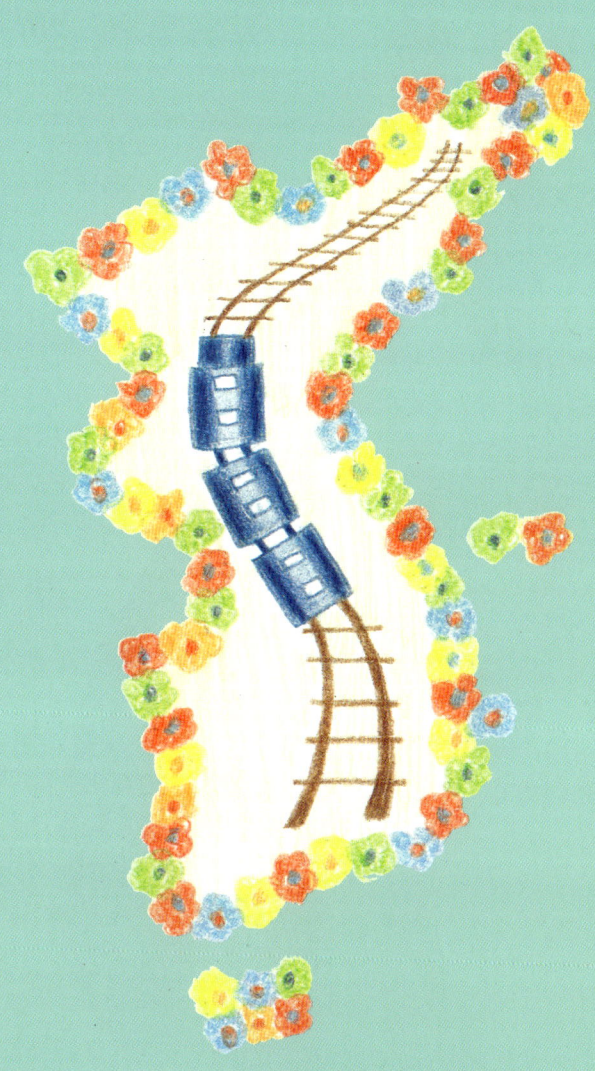

또한 복음으로
하나가 되면
너희들은
나에게 부름 받은 일을
합당하게 행해야 하지.

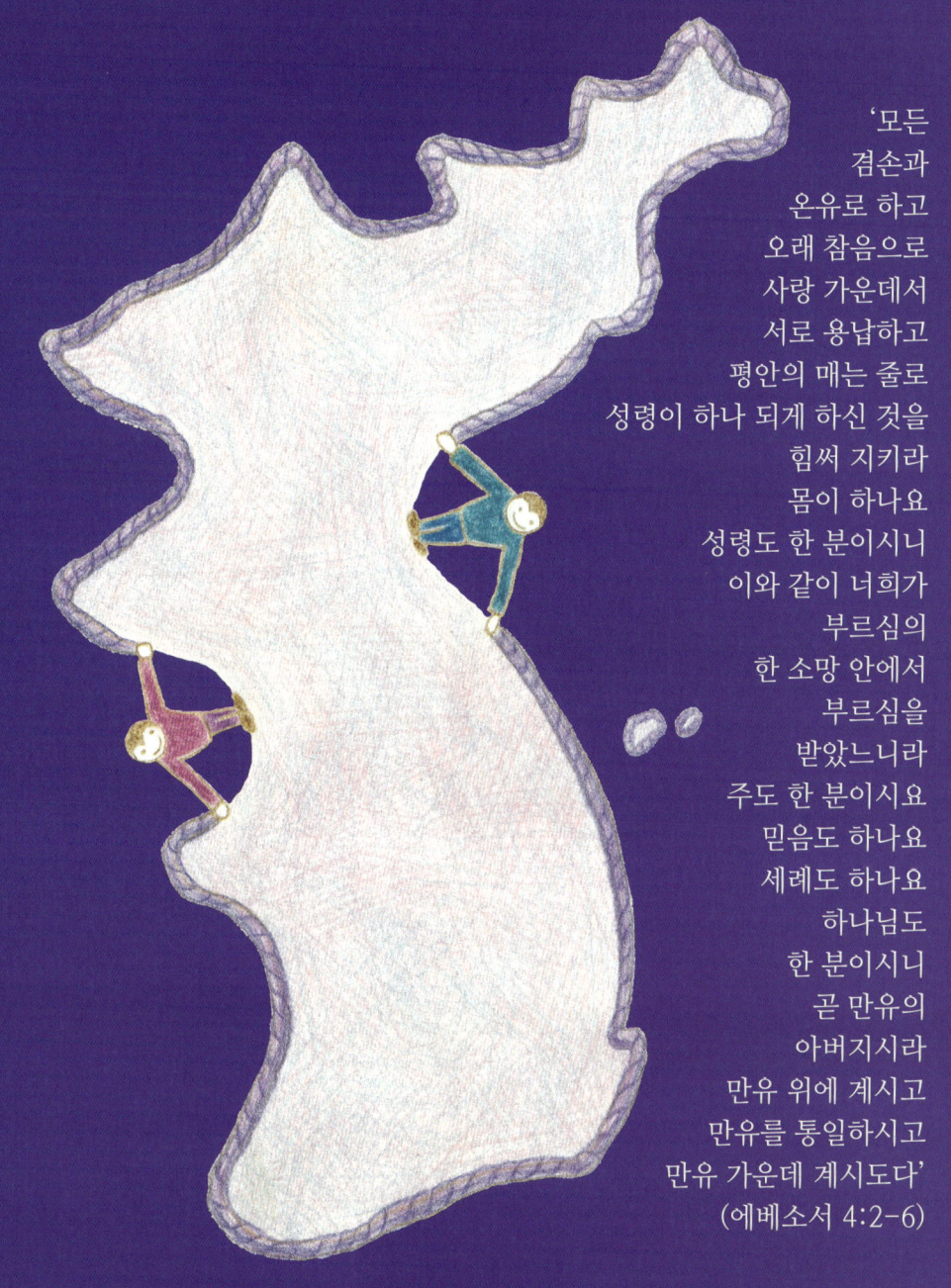

'모든
겸손과
온유로 하고
오래 참음으로
사랑 가운데서
서로 용납하고
평안의 매는 줄로
성령이 하나 되게 하신 것을
힘써 지키라
몸이 하나요
성령도 한 분이시니
이와 같이 너희가
부르심의
한 소망 안에서
부르심을
받았느니라
주도 한 분이시요
믿음도 하나요
세례도 하나요
하나님도
한 분이시니
곧 만유의
아버지시라
만유 위에 계시고
만유를 통일하시고
만유 가운데 계시도다'
(에베소서 4:2-6)

나누어진 것이
하나가 되는 것은
나의 뜻이며,
너희가
한 소망 안에서
나의 부름을 받아
하나가 된 것을
선함으로
지켜 나가는 것도
나의 뜻이란다.

하지만 너희는 하나가 된 것에 머물러서는 안 돼.
너희는 다시 복음을 들고 나아가
사탄의 결박 속에 있는 다른 민족에게
참된 구원과 해방을 전해야 하지.
억압하고 빼앗고 주인이 되는 것이 아니라
예수 그리스도의 사랑으로
섬겨야 한단다.

'오직 성령이 너희에게 임하시면
너희가 권능을 받고
예루살렘과 온 유대와 사마리아와 땅끝까지 이르러
내 증인이 되리라 하시니라'
(사도행전 1:8)

다섯째,
이와 같이
너희는 겸손과 온유와 오래 참음과 사랑으로
억압받는 민족과 나라, 그리고 만민에게
복음을 전파하며 섬기는
나의 참된 증인이 되어야 해.

이것이 바로 내가 너희 남북을 하나로 만드는 이유란다.

'그러므로 너희는 가서
모든 민족을 제자로 삼아
아버지와 아들과 성령의 이름으로 세례를 베풀고
내가 너희에게 분부한 모든 것을 가르쳐 지키게 하라
볼지어다 내가 세상 끝 날까지
너희와 항상 함께 있으리라
하시니라'
(마태복음 28:19-20)

7. 조세핀과 친구들

자,
오늘 내가
조세핀 네게
해 주고 싶은 말은
다 해 주었단다.
앞으로도 나는
네가 모르는 것을,
네게 필요한 것을,
네가 묻는 것을,
차차 대답해 주고 알려 줄 거야.
이제, 네가 사는 이 땅이
회개하고 치유 받고 기도하고
서로를 용서하고 사랑하며,

복음으로
하나 되고
땅 끝까지 이르러
내 증인이 되도록
내가 네게 준
이 복음의 씨앗을
이 땅에서부터 다시 심어야 해.

조세핀,
나의 이 부탁을 들어 줄 수 있겠니?"

조세핀은 그렇게 하고 싶었습니다.
하나님이 조세핀에게 원하시는 일이라면
조세핀은 그 일을 꼭 하고 싶었죠.
그래서 조세핀은
대답했어요.

"네...!"

"조세핀! 자, 네 주위를 둘러보렴!"

하나님은 조세핀에게
밝은 빛을 비추어 주셨죠.

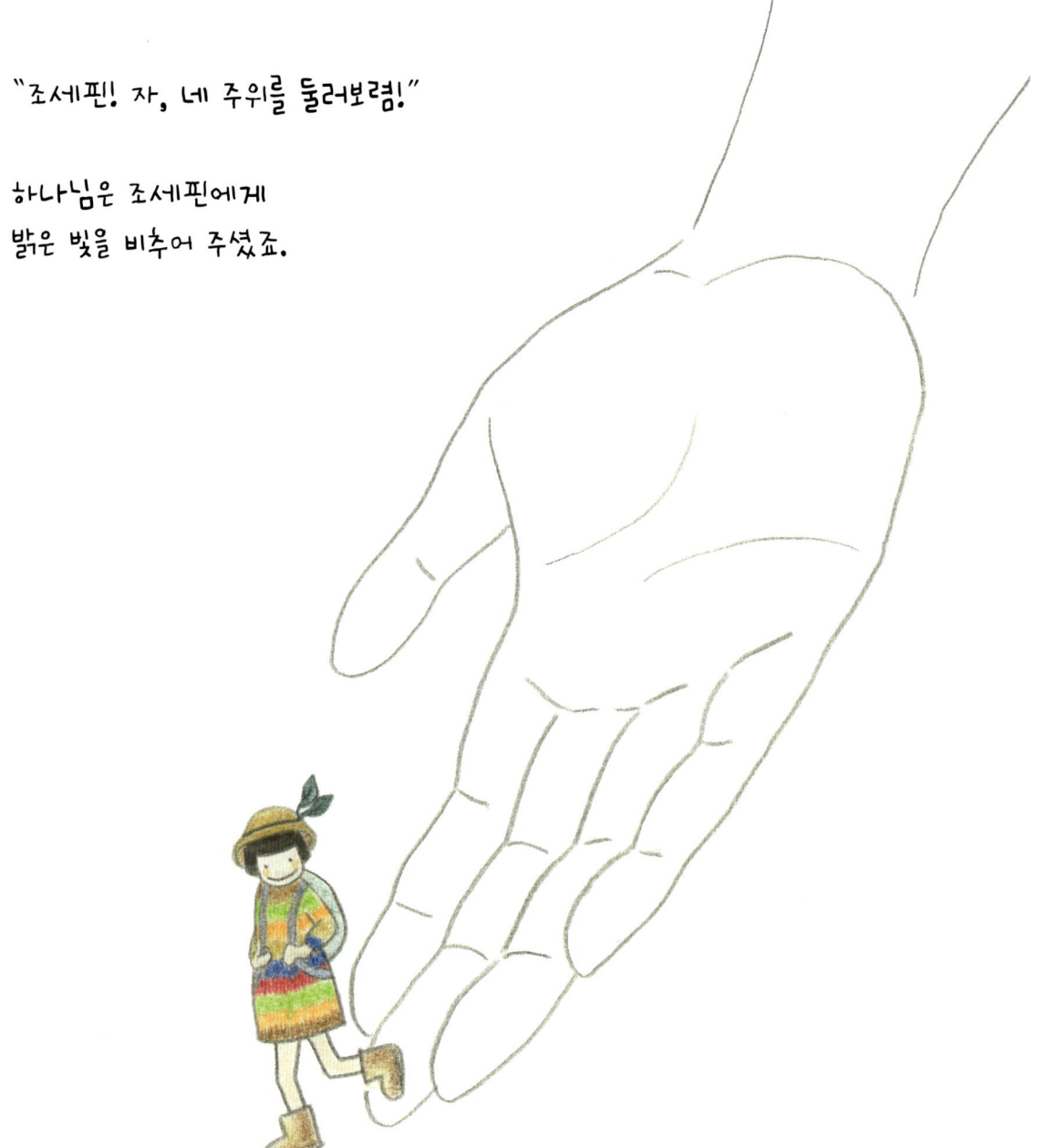

"안녕? 조세핀?
기다리고 있었어.
나는 조세필이라고 해.
'조국과 세상을 위해 필요한 사람'
이라는 뜻이지."

그때 갑자기
남쪽 진흙 땅에서
많은 친구들이 나타났습니다.

"안녕? 난 조세발. '조국과 세상을 위해 일하는 발'이야."
"난 조세팔, 말하지 않아도 뜻은 알겠지?"
"하이! 나는 조세핀. 조국과 세상을 위해 피나도록 일하지."

그런데 갑자기 가시관 너머 얼음 땅 북쪽에서 큰 소리가 들려왔어요.
"여어~기도 있습네다~!"

보안상 나머지 동무들의
얼굴과 이름을 다 밝힐 수는 없습네다만
여기 이렇게 많이 모여
어떡하면 씨앗을 잘 뿌리고 많이 뿌릴 것인지 공작하며 일하고 있습네다!"

"와아!"

모두 기쁘게 반기며 박수를 쳤죠. 모두의 얼굴엔 함박웃음이 피었습니다.

"너만 있네? 나도 있다!"
이번에는 가시덤불 가운데서 불쑥 누군가 나타났죠.

"저는 조세양이라고 합네다.
'조국과 세상을 위해 북쪽, 남쪽, 양쪽 다 경험을 해 봤다'
해서 조세양입네다.

나같은 친구들
꽤 수도 많고 능력도 있습네다.
우리가 모두 힘을 합친다면
이까짓 거 문제없습네다!"

조세핀은 함께 땅을 갈고 씨앗을 뿌리는 많은 친구들을 보고 정말 기뻤습니다.
하나님이 함께 하시고 친구들이 함께 한다면
얼음 땅과 진흙 땅을 옥토로 만들어
씨앗을 심고,

가시덤불을
깨끗이 치워
아름다운 하나의 땅을
만들 수 있을 것 같았죠.
그리고 더 많은 친구들과 함께
온 땅 끝까지 복음의 씨앗을 심을 수 있을 것 같았어요.

조세핀은 하나님을 바라보며 활짝 웃었습니다.

하나님은 조세핀에게 이렇게 말씀하셨죠.

"조세핀! 강하고 담대하여 두려워하지 말고 놀라지도 마.
이제 일어나 이 일을 시작하렴. 내가 너와 함께 있을 거야.

네가
모든 일을 마치기까지
너와 함께 있고
너를 떠나지 아니하며
너를 버리지 않을 거야.
너의 마음과 뜻을 다해 나를 구하렴.
자, 이제 일어나 이 일을 시작해!
복음으로 하나 되고 땅끝까지 이르러 나의 증인이 되어 줘."

조세핀은 하나님의 이 부탁이, 이 명령이 정말 정말 좋았습니다.
이제 조세핀은 진짜 꿈을 향해 나갈 수 있게 되었죠.
조국과 세상을 위해 피어 난 그 꿈...
하나님께서 조세핀에게 심어 주신 그 꿈...
바로 그 꿈을 향해
조세핀은 힘차고 기쁘게 나아갈 수 있게 되었어요.
혼자가 아니라 많은 친구들이 있으며
하나님이 끝까지 함께해 주신다고
약속하셨기 때문에
이제 조세핀은 기쁘게 그 일을 시작합니다!

조국과 세상에 복음의 씨앗을 심어
샤론의 꽃으로 충만한 세상을 만드는

바로 그 일을...^_____^...

복음으로 하나 되고

-끝-

마치며

　세상을 창조하신 하나님께서 우리 한 사람 한 사람을 친히 만드실 때에 우리 인생의 꿈도 함께 설계하셨습니다. 그 꿈을 알아 가는 것은 소중한 것이며 그 꿈의 길을 걸어가는 것은 더없이 가치있는 일입니다.

조세핀이 만들어진 배경은 구약 성경의 창세기에 나오는 '꿈 꾸는 자 요셉'에게 있습니다('요셉'의 영어식 발음은 '조셉'이며, '조세핀'은 '조셉'의 여성형 이름입니다).
하나님이 주신 꿈을 소중히 여기며 그 꿈을 이루어 내는, 채색옷을 입은 요셉이 조세핀의 본보기가 된 것이지요. 그래서 조세핀은 알록달록 꼬까옷을 입고 있습니다.

모든 사람에게는 하나님이 주신 꿈이 있습니다. 그 꿈을 찾고 그 길을 가는 것은 우리들의 몫이지요. 그 일은 어쩌면 조세핀의 것처럼 오래 기다리고 오래 준비하고 쉽지 않은 일일 수도 있습니다. 그러나 주님이 주신 꿈의 길을 가는 것은 인생에서 도전해 볼 만한 가장 가치있는 일입니다. 그 길은 '그의 나라와 그의 의'를 구하는 길로 주님이 설계하셨기 때문입니다. 그의 나라와 그의 의는 '주님의 공의와 사랑'입니다. 그리고 그 길은 기쁘고 즐겁습니다. 비록 좁은 문이 될지라도 우리 모두가 담대히 그 길을 가는 자랑스런 주님의 자녀가 되어 서로 격려하고 기도하기를 소망합니다.

　기도와 후원과 격려를 아끼지 않은 친구들과 믿음의 동역자들, 통일 연습의 장이 되어 주는 새희망나루교회와 성도님들, 바쁘신 중에도 원고를 점검하여 주시고 귀한 조언과 추천의 말씀을 주신 유관지 목사님, 이강근 박사님, 마요한 목사님, 구윤회 목사님께 감사드립니다.
그리고 내가 사랑하는 나의 가장 소중한 가족과 천국에서 기뻐하실 사랑하는 아버지께 진심으로 감사드리며, 세상을 만드시고 나를 만드시고 내게 꿈을 주신, 나의 모든 것 되신 하나님께 감사와 찬양과 영광을 올립니다.

2016. 3월
이 레

부록 1
다 담지 못한 그림들

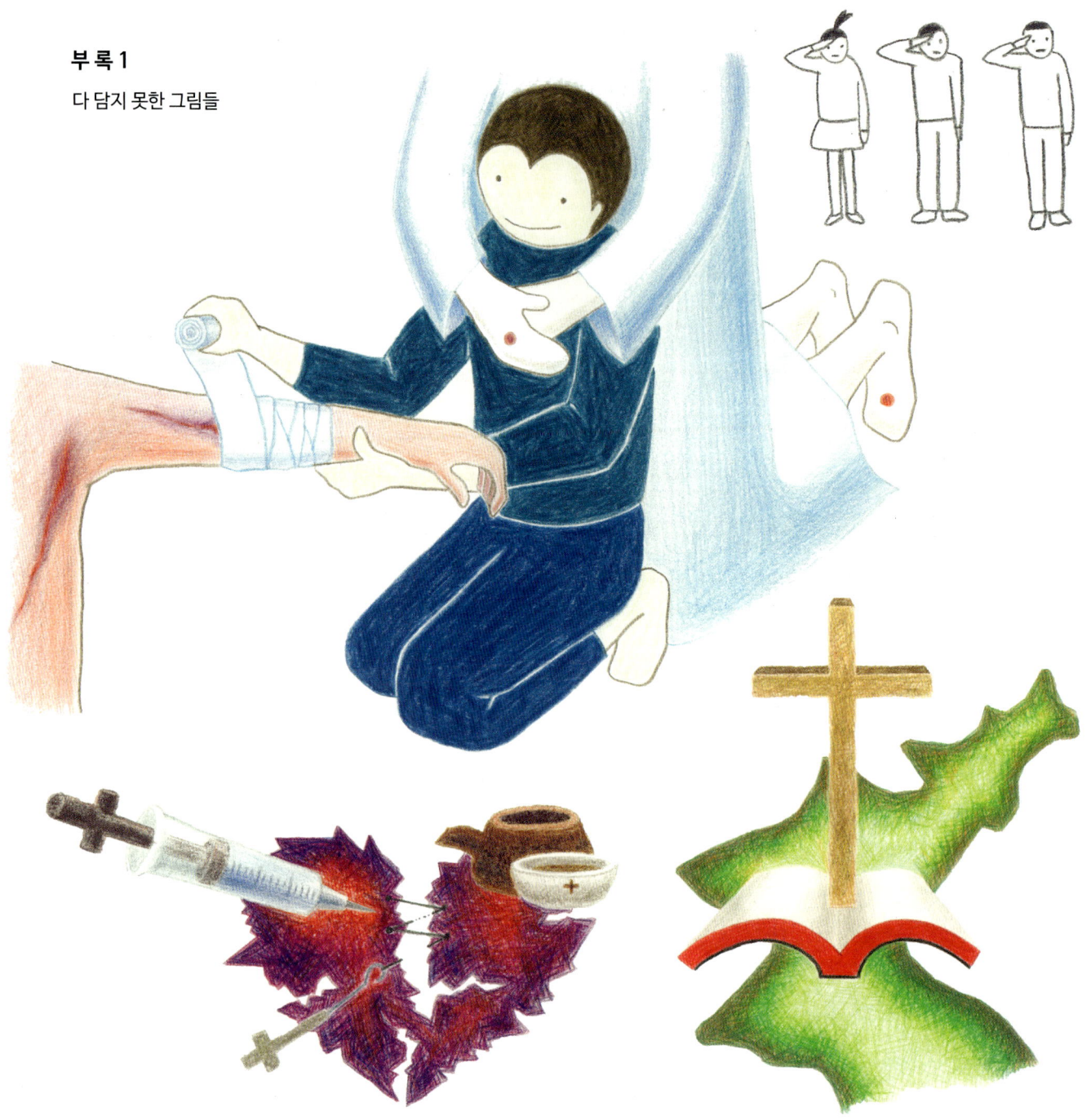

부록 2

30여 명이 함께한 작품
'복음으로 하나 되어'

크기 2.16m X 1.32m의 본 작품은 990여 개의 조각을 이어 만든 큰 조각보입니다. 이 작품은 탈북민과 남한 주민 등 30여 명이 복음의 통일을 기도하며 만든 작품으로 남북이 함께 제작에 참여했다는 데에 큰 의미를 가지고 있습니다.

각 조각에는 예수님을 상징하는 샤론의 꽃을 수놓았으며, 이는 예수님의 복음이 한반도 온 땅에 전해지고 이 땅에 복음의 통일이 이루어지는 소망을 담은 것입니다.

이 작업을 주관하시고 인도하신 하나님께 감사와 영광을 올립니다.

글, 그림 **이 레**

현재 D&T 디자인 연구소 대표이다.
대학, 대학원, 아카데미에서 건축 공학, 실내 건축, 무대 디자인을 전공했으며 설계 사무소를 거쳐 공연 예술 및 예배 미술의 무대 디자이너로 활동했다. 〈복음, 일상으로의 초대〉, 〈조세핀 이야기〉, 〈말씀 선물 운동 본부〉 등 개인 전시회와 기획 전시회를 열었고, 다수의 기독교 미술 관련 공모전에서 수상했다. 북한 선교 활동으로 〈이열치열 프로젝트〉와 라디오 방송 작가 겸 연출 및 진행을 맡은 바 있으며, 구약 성경에서 성막을 만든 브살렐과 오홀리압 처럼 하나님이 보시기에 좋은 주님의 건축가, 주님의 예술가, 주님의 디자이너를 꿈꾸며 미술 선교에 힘쓰고 있다.

조세핀 이야기

1판 1쇄 펴냄 2016년 4월 5일

지은이 | 이레

펴낸이 | 이지성

펴낸곳 | 말씀과 선물공장

출판등록 | 2016. 2. 11. (제 387 2016-000008호)

대표전화 | 070-4950-4124

팩시밀리 | 0505-300-5954

블로그 | http://blog.naver.com/wng12

이메일 | wng12@naver.com

ⓒ 이레 2016

ISBN 979-11-957484-0-2 (07230)

국립중앙도서관 출판예정도서목록(CIP)

조세핀 이야기 : 복음을 사랑하는 사람들의 남북통일 준비서
/ 지은이: 이레. -- [부천] : 말씀과 선물공장, 2016
  p. ;   cm

권말부록 수록
ISBN 979-11-957484-0-2 07230 : ₩22000

통일(국토)[統一]
기독교[基督敎]

235.83-KDC6
261.7-DDC23   CIP2016006301

이 도서와 조세핀 캐릭터는 저작권법에 따라 보호 받는 저작물이므로 무단 전재와 무단 복제를 금합니다.
이 책의 전부 또는 일부를 이용하려면 저작권자의 서면 동의를 받아야 합니다.

본문에 인용한 성경전서 개역개정판의 저작권은 대한성서공회에 있습니다. 본서에는 무료 글꼴인 나눔체를 부분적으로 사용하였습니다.